SUPER FACILE

Pasta pour tous

Dorian
Nieto

SOLAR
EDITIONS

ÉDITO

Vous débutez en cuisine ? Vous êtes pressé par le temps ou disposez de moyens limités ? Vous ne manquerez plus d'idées pour faire face à tous les impératifs et toutes les occasions du quotidien. Dorian, blogueur culinaire créatif et curieux, a imaginé pour vous 90 recettes super faciles de pâtes. Il vous offre dans ce livre ses secrets pour parvenir à l'équation idéale d'une cuisine familiale vraiment simple, ou comment, avec peu d'ingrédients et aussi peu d'étapes, préparer des recettes variées et originales.
Découvrez ainsi l'essentiel pour élaborer des plats complets et équilibrés privilégiant les produits de saison et révélant de nouvelles associations gourmandes.
Déclinez vos envies de pâtes à toutes les sauces avec des recettes qui redonneront du goût à votre cuisine de tous les jours.
Quand simplicité et saveur sont au rendez-vous, cuisiner devient...

... super facile !

SOMMAIRE

TAGLIATELLES *au pesto de courgette et au romanesco*

Pour 4 personnes

Préparation : 10 min

Cuisson : 5 min (hors cuisson des pâtes)

- 320 g de tagliatelles
- 1 bol de petits bouquets de chou romanesco
- 1 petite courgette coupée en morceaux
- 1 petit bouquet de basilic
- 4 cuil. à soupe de pignons légèrement dorés
- 40 g de parmesan râpé
- 2 gousses d'ail pelées
- 2 cuil. à soupe d'huile d'olive
- sel et poivre

1 Faites cuire les pâtes dans une grande casserole d'eau salée selon le temps indiqué sur l'emballage, puis égouttez-les rapidement.

2 Plongez les bouquets de chou romanesco 3 minutes dans une casserole d'eau salée bouillante. Égouttez-les et plongez-les ensuite dans un saladier d'eau glacée, puis égouttez-les de nouveau.

3 Faites dorer légèrement les pignons à sec dans une poêle.

4 Mixez le basilic, les pignons et l'ail. Ajoutez la courgette, le parmesan et l'huile, salez et poivrez à votre goût et mixez encore jusqu'à ce que la courgette soit bien hachée.

5 Faites revenir le pesto à la poêle 1 à 2 minutes en remuant régulièrement, ajoutez les pâtes, mélangez, ajoutez le chou romanesco et mélangez encore.

Si vous ne trouvez pas de chou romanesco, remplacez-le par du chou-fleur !

PAPILLONS *et ratatouille*

Pour 4 personnes

Préparation : 15 min

Cuisson : 20 min (hors cuisson des pâtes)

- 320 g de farfalles
- 1 courgette coupée en cubes
- 1/2 aubergine coupée en cubes
- 1 poivron vert coupé en cubes
- 1 poivron rouge coupé en cubes
- 1 oignon rouge coupé en petits cubes
- 1 gousse d'ail écrasée
- 200 g de tomates concassées en boîte
- 15 cl de bouillon de légumes
- 1 cuil. à soupe d'huile d'olive
- 1 cuil. à café de paprika
- 2 tiges de basilic + quelques feuilles pour servir
- 4 cuil. à soupe de parmesan râpé
- sel

1 **Faites cuire** les pâtes dans une grande casserole d'eau salée selon le temps indiqué sur l'emballage, puis égouttez-les rapidement.

2 **Faites revenir** l'oignon, l'ail et les poivrons dans l'huile très chaude. Ajoutez le bouillon et le paprika, mélangez et laissez cuire 6 minutes à couvert.

3 **Ajoutez** la courgette et l'aubergine, mélangez et laissez cuire encore 6 minutes à couvert.

4 **Ajoutez** les tomates et le basilic, mélangez et prolongez la cuisson de 3 minutes.

5 **Versez** les pâtes, mélangez-les à la ratatouille et servez-les dans les assiettes en saupoudrant chacune d'elles de parmesan et de quelques feuilles de basilic.

Pour une préparation plus rapide,
utilisez de la ratatouille surgelée !

ROTELLES
au pesto rouge

Pour 4 personnes

Préparation : 5 min

Cuisson : temps de cuisson des pâtes

320 g de rotelles

40 g de tomates séchées à l'huile

40 g de poivrons rouges à l'huile

4 cuil. à soupe d'amandes effilées + quelques-unes pour servir

40 g de parmesan râpé

2 gousses d'ail pelées

2 cuil. à soupe d'huile d'olive

1 petit bouquet de basilic

sel et poivre

1 Faites cuire les pâtes dans une grande casserole d'eau salée selon le temps indiqué sur l'emballage, puis égouttez-les rapidement.

2 Égouttez les tomates séchées et les poivrons. Mixez-les avec les amandes et l'ail. Ajoutez le parmesan et l'huile, salez et poivrez à votre goût et mixez de nouveau.

3 Mélangez cette préparation aux pâtes.

4 Au moment de servir, parsemez les assiettes de feuilles de basilic et d'amandes effilées.

Notes : ....

....

....

Pour rafraîchir votre plat, ajoutez des tomates cerises !

PASTA
paella

Pour 4 personnes

Préparation : 15 min

Cuisson : 30 min

320 g d'orzettos (pâtes langues d'oiseau)

2 cuisses de poulet désossées et coupées en cubes

2 blancs de poulet coupés en cubes

90 g de chorizo coupé en rondelles

300 g de moules fraîches grattées et nettoyées

12 gambas décortiquées

8 mini-poivrons coupés en deux et épépinés

1 cuil. à soupe d'huile d'olive

2 feuilles de laurier

1 pincée de filaments de safran

80 cl de bouillon de volaille

2 tiges de persil plat hachées

1 citron jaune pour servir

1 Chauffez l'huile dans une sauteuse et faites-y revenir pendant 12 minutes le poulet, les poivrons et le laurier.

2 Ajoutez le chorizo et faites revenir 3 minutes. Ajoutez les moules et les gambas et faites cuire 3 minutes de plus.

3 Versez les orzettos et le safran, remuez le tout. Versez le bouillon dans la sauteuse et laissez cuire 10 minutes environ.

4 Servez dans les assiettes, parsemez de persil et disposez des rondelles de citron.

La paella, c'est facile, surtout avec des pâtes !

LASAGNES *à la grecque*

Pour 4 personnes

Préparation : 20 min

Cuisson : 55 min

15 feuilles de lasagne environ

1 douzaine d'olives à la grecque dénoyautées

1/2 aubergine coupée en petits cubes

1 petite courgette coupée en petits cubes

1 gousse d'ail

1 petit bouquet de basilic grossièrement haché

1 cuil. à soupe d'huile d'olive

200 g de tomates concassées en boîte

Pour la béchamel :

20 g de beurre

20 g de farine

40 cl de lait

100 g de feta

poivre

1 **Préchauffez** le four à 180 °C (th. 6).

2 **Préparez** la béchamel : faites chauffer le beurre et la farine dans une casserole en remuant et versez le lait peu à peu en fouettant. Poivrez à votre goût et laissez épaissir à feu moyen en battant régulièrement. Ajoutez la feta émiettée et fouettez une dernière fois.

3 **Chauffez** l'huile dans une sauteuse et faites-y revenir, sur feu moyen, la courgette, l'aubergine et l'ail pendant 6 minutes, en remuant régulièrement.

4 **Ajoutez** les tomates et poursuivez la cuisson 12 minutes en remuant régulièrement. Si la préparation se dessèche, ajoutez un peu d'eau. Retirez du feu et ajoutez le basilic et les olives.

5 **Montez** les lasagnes en commençant par un fond de béchamel, puis deux couches de feuilles de lasagne, des légumes, puis de nouveau de la béchamel, deux couches de feuilles de lasagne, des légumes, de la béchamel, une couche de feuilles de lasagne et terminez par de la béchamel.

6 **Enfournez** pour 25 à 30 minutes, puis faites dorer 3 minutes sous un gril brûlant.

Pour des lasagnes encore plus parfumées, ajoutez du thym et du romarin !

SERPENTINIS
au pesto de roquette et pistaches

Pour 4 personnes

Préparation : 5 min

Cuisson : temps de cuisson des pâtes

320 g de serpentinis

40 g de roquette + quelques feuilles pour servir

4 cuil. à soupe de pistaches émondées + quelques-unes pour servir

40 g de parmesan râpé

2 gousses d'ail pelées

2 cuil. à soupe d'huile d'olive

sel et poivre

Notes : ....

....

....

1 **Faites cuire** les pâtes dans une grande casserole d'eau salée selon le temps indiqué sur l'emballage, puis égouttez-les rapidement.

2 **Mixez** la roquette, les pistaches et l'ail. Ajoutez le parmesan et l'huile, salez et poivrez à votre goût, puis mixez de nouveau. Mélangez aux pâtes.

3 **Au moment de** servir, parsemez les assiettes de petites feuilles de roquette et de pistaches hachées.

Vous pouvez remplacer la roquette
par des pousses d'épinards !

SPAGHETTIS *au thon frais*

Pour 4 personnes

Préparation : 10 min

Cuisson : 10 min (hors cuisson des pâtes)

- 360 g de spaghettis
- 320 g de thon frais
- 1 bol de roquette
- 1 gousse d'ail écrasée
- 1 cuil. à soupe d'huile d'olive
- 16 caprons
- sel et poivre

Notes : ....

....

....

1 Faites cuire les pâtes dans une grande casserole d'eau salée selon le temps indiqué sur l'emballage. Égouttez-les rapidement.

2 Faites dorer le thon à feu très vif dans une poêle antiadhésive, puis coupez-le en cubes. Salez et poivrez à votre goût.

3 Versez l'huile dans la poêle et faites revenir l'ail, coupez le feu, puis ajoutez la roquette et les spaghettis, et remuez.

4 Servez les spaghettis accompagnés du thon et des caprons.

Si vous ne trouvez pas de thon, remplacez-le par du saumon !

COLLERETTES
en couscous végétarien

Pour 4 personnes

Préparation : 10 min

Cuisson : 20 min (hors cuisson des pâtes)

320 g de collerettes

300 g de potiron coupé en petits cubes

150 g de pois chiches au naturel

200 g de tomates concassées en boîte

1 petite aubergine coupée en petits cubes

1 oignon rouge haché

20 cl de bouillon de légumes

1 cuil. à soupe d'huile d'olive

1/2 cuil. à café de ras el-hanout

3 ou 4 tiges de coriandre effeuillées

sel et poivre

1 Faites cuire les pâtes dans une grande casserole d'eau salée selon le temps indiqué sur l'emballage, puis égouttez-les rapidement.

2 Faites chauffer l'huile dans une casserole, puis faites-y revenir l'oignon, le potiron et l'aubergine pendant 3 minutes en remuant régulièrement.

3 Ajoutez le bouillon et le ras el-hanout et poursuivez la cuisson 12 minutes environ.

4 Ajoutez les tomates et les pois chiches, salez et poivrez à votre goût et poursuivez la cuisson encore 3 minutes.

5 Déposez les pâtes dans les assiettes, versez par-dessus le mélange de légumes et parsemez-les de feuilles de coriandre.

Des pâtes pour revisiter le couscous !

TORTIGLIONIS
au pesto très basilic

Pour 4 personnes

Préparation : 5 min

Cuisson : temps de cuisson des pâtes

320 g de tortiglionis

1 petit bouquet de basilic

4 cuil. à soupe de pignons de pin + quelques-uns pour servir

40 g de parmesan râpé

2 gousses d'ail pelées

2 cuil. à soupe d'huile d'olive

sel et poivre

1 **Faites cuire** les pâtes dans une grande casserole d'eau salée selon le temps indiqué sur l'emballage, puis égouttez-les rapidement.

2 **Faites dorer** légèrement les pignons à sec dans une poêle.

3 **Mixer** le basilic (en conservant quelques feuilles pour le décor), les pignons et l'ail. Ajoutez le parmesan et l'huile, salez et poivrez à votre goût, et mixez de nouveau.

4 **Mélangez** cette préparation aux pâtes.

5 **Au moment de** servir, versez dans les assiettes et parsemez-les de petites feuilles de basilic et de quelques pignons.

Aussi savoureux que rapide à préparer !

Notes : ....

....

....

PASTASOTTO
aux pétoncles

Pour 4 personnes

Préparation : 5 min

Cuisson : 25 min

320 g d'orzettos

250 g de noix de pétoncles

90 cl de bouillon de volaille

60 g de parmesan râpé

20 g de pignons de pin

1 oignon finement haché

1 gousse d'ail finement hachée

1 pincée de filaments de safran

1 cuil. à soupe de beurre

2 cuil. à soupe d'huile d'olive

10 cl de vin blanc sec

sel et poivre

1 Faites dorer à sec les pignons de pin, légèrement, et hachez-les.

2 Faites fondre le beurre dans une grande casserole et ajoutez 1 cuillerée à soupe d'huile, puis l'oignon et l'ail et laissez colorer 3 minutes.

3 Ajoutez les pâtes et mélangez bien. Versez le vin et remuez jusqu'à ce qu'il soit absorbé. Ajoutez le safran, salez légèrement et poivrez.

4 Versez deux louches de bouillon et remuez jusqu'à l'absorption du liquide, recommencez jusqu'à ce que les pâtes soient cuites.

5 Saupoudrez le parmesan et mélangez. Retirez du feu, couvrez et laissez reposer 2 minutes.

6 Chauffez une poêle sur feu vif, ajoutez 1 cuillerée à soupe d'huile et faites-y dorer très rapidement les noix de pétoncles.

7 Servez les pâtes dans les assiettes, déposez les noix de pétoncles par-dessus et saupoudrez-les de pignons de pin.

Cette recette est une façon de mettre le risotto au régime pasta !

ONE POT PASTA
merguez

Pour 4 personnes

Préparation : 15 min

Cuisson : 15 min

240 g de rigatonis

1/2 aubergine coupée en cubes

1 courgette coupée en cubes

1 poivron rouge coupé en cubes

2 tomates coupées en morceaux

4 merguez coupées en tronçons

1 cuil. à café de harissa

sel et poivre

Notes : ....

1 Mettez tous les ingrédients dans une cocotte, versez l'eau et portez à ébullition. Baissez le feu, salez et poivrez à votre goût.

2 Laissez cuire 15 minutes environ à découvert en remuant régulièrement. Si nécessaire, ajoutez un peu de liquide et prolongez la cuisson.

Un voyage exotique en quelques tours de cuillère !

STAUB

ROTELLES
aux anchois, câpres et piment

Pour 4 personnes

Préparation : 5 min

Cuisson : 12 min (hors cuisson des pâtes)

320 g de rotelles

400 g de tomates concassées en boîte

16 anchois à l'huile

1 gousse d'ail hachée

2 cuil. à soupe de câpres

1 cuil. à soupe d'huile d'olive

1 petit piment oiseau haché

sel et poivre

1 Faites cuire les pâtes dans une grande casserole d'eau salée selon le temps indiqué sur l'emballage, puis égouttez-les rapidement.

2 Faites chauffer l'huile dans une poêle, ajoutez l'ail, le piment, 1 cuillerée à soupe de câpres et 4 anchois grossièrement hachés. Remuez pendant 1 minute, ajoutez les tomates, salez et poivrez à votre goût, mélangez et poursuivez la cuisson 10 minutes environ.

3 Ajoutez les pâtes et mélangez pour bien les enrober de sauce.

4 Au moment de servir, versez les pâtes dans les assiettes et répartissez par-dessus les câpres et les anchois restants.

Notes :

Si vous voulez un plat moins relevé, réduisez le **piment** ou supprimez-le !

LASAGNES
saumon et courgette au Boursin®

Pour 4 personnes

Préparation : 5 min

Cuisson : 45 à 50 min (hors cuisson des pâtes)

15 feuilles de lasagne environ

300 g de saumon coupé en petits cubes

1 courgette coupée en quatre dans la longueur, puis en tranches

1 gousse d'ail écrasée

5 ou 6 brins de ciboulette hachés finement

10 g de beurre

Pour la béchamel :

20 g de beurre

20 g de farine

40 cl de lait

60 g de Boursin®

sel et poivre

1 Préchauffez le four à 210 °C (th. 7).

2 Préparez la béchamel : faites chauffer le beurre et la farine dans une casserole en remuant, puis versez le lait peu à peu en fouettant. Salez et poivrez à votre goût et laissez épaissir à feu moyen en fouettant régulièrement. Ajoutez le Boursin® et mélangez pour le faire fondre.

3 Chauffez le beurre dans une sauteuse et faites-y revenir la courgette et l'ail pendant 5 minutes, sur feu moyen, en remuant régulièrement.

4 Ajoutez le saumon et poursuivez la cuisson 6 minutes en remuant régulièrement. Retirez du feu et ajoutez la ciboulette.

5 Montez les lasagnes en alternant un fond de béchamel, deux couches de feuilles de lasagne, une couche de saumon à la courgette. Recommencez deux fois et terminez par de la béchamel.

6 Enfournez pour 25 à 30 minutes. En fin de cuisson, faites dorer 3 minutes sous un gril brûlant.

Pour accentuer le goût, ajoutez un peu
de saumon fumé haché !

GRATIN
de ravioles au comté

Pour 4 personnes

Préparation : 5 min

Cuisson : 25 min (hors cuisson des pâtes)

480 g de ravioles

1 courgette coupée en très fines tranches

100 g de comté râpé

Pour la béchamel :

20 g de beurre

20 g de farine

40 cl de lait

40 cl de crème liquide

sel et poivre

Notes :

1 Préchauffez le four à 180 °C (th. 6).

2 Préparez la béchamel : faites chauffer le beurre et la farine dans une casserole en remuant et versez le lait peu à peu en fouettant. Salez et poivrez à votre goût. Laissez épaissir à feu moyen en fouettant régulièrement. Retirez du feu, versez la crème et mélangez.

3 Versez dans un plat en alternant béchamel, ravioles, courgette et comté. Recommencez autant de fois que nécessaire en terminant par des ravioles et du comté.

4 Enfournez pour 15 minutes, puis passez 3 minutes sous le gril en fin de cuisson.

Vous pouvez changer le goût de votre gratin en optant pour d'autres saveurs sur votre plateau de fromages !

MINESTRONE *de coquillettes*

Pour 4 personnes

Préparation : 10 min + temps de trempage des haricots

Cuisson : 1 h 30 (hors cuisson des pâtes)

180 g de coquillettes

200 g de haricots secs

2 courgettes émincées

200 g de petits pois surgelés

100 g de haricots verts, coupés en tronçons

1 branche de céleri émincée

2 carottes émincées

600 g de tomates fraîches

1 oignon finement haché

1 gousse d'ail finement hachée

2 feuilles de laurier

1 cuil. à soupe d'huile d'olive

1 cube de bouillon de légumes

sel et poivre

1 **Mettez** les haricots secs à tremper dans l'eau froide (voir les indications mentionnées sur le paquet).

2 **Faites cuire** les pâtes dans une grande casserole d'eau salée selon le temps indiqué sur l'emballage, puis égouttez-les rapidement.

3 **Chauffez** l'huile dans une cocotte et faites-y revenir l'oignon, l'ail et le laurier pendant 5 minutes.

4 **Ajoutez** le céleri, les carottes et laissez cuire 5 minutes de plus. Ajoutez les tomates fraîches et les haricots égouttés, salez et poivrez selon votre goût.

5 **Versez** l'eau et le cube de bouillon de légumes. Portez à ébullition et laissez cuire selon le temps requis pour les haricots secs.

6 **Ajoutez** les courgettes, les petits pois et les haricots verts. Poursuivez la cuisson 10 minutes.

7 **Éteignez** le feu, versez les pâtes, couvrez et laissez reposer 3 minutes.

Pour gagner du temps, utilisez des **haricots cuits** au naturel, en boîte, égouttés.

GNOCCHIS
au gorgonzola

Pour 4 personnes

Préparation : 5 min

Cuisson : 5 min (hors cuisson des pâtes)

300 g de gnocchis

20 cl de crème liquide

60 g de gorgonzola en petits morceaux + 4 tranches fines

4 feuilles de laurier

sel et poivre

Notes : ....

1 **Faites cuire** les gnocchis dans une grande casserole d'eau salée selon le temps indiqué sur l'emballage, puis égouttez-les rapidement.

2 **Faites chauffer** à feu doux la crème et les feuilles de laurier dans une petite casserole.

3 **Ajoutez** les morceaux de gorgonzola et mélangez jusqu'à ce que le fromage soit bien fondu. Salez et poivrez selon votre goût.

4 **Ajoutez** les gnocchis et mélangez.

5 **Déposez** une petite tranche de gorgonzola sur chaque assiette de gnocchis et servez.

À la place du bleu made in Italie, vous pouvez
utiliser du bleu made in France !

LASAGNES *bolognaises*

Pour 4 personnes

Préparation : 20 min

Cuisson : 45 à 50 min (hors cuisson des pâtes)

15 feuilles de lasagne environ

300 g de viande hachée

200 g de tomates concassées en boîte

1 petite carotte coupée en tranches

1 petit oignon coupé en quatre

1 gousse d'ail coupée en deux

1 petite branche de céleri coupée en morceaux

1/2 cuil. à café de feuilles de romarin hachées finement

1 cuil. à soupe d'huile d'olive

15 cl de bouillon de bœuf

6 cuil. à soupe de parmesan râpé

Pour la béchamel :

20 g de beurre

20 g de farine

40 cl de lait

sel et poivre

1 **Préchauffez** le four à 210 °C (th. 7).

2 **Préparez** la béchamel : faites chauffer le beurre et la farine dans une casserole en remuant, puis versez le lait peu à peu en fouettant. Salez et poivrez à votre goût et laissez épaissir à feu moyen en battant régulièrement. Ajoutez la moitié du parmesan et fouettez une dernière fois.

3 **Préparez** la bolognaise : mixez ensemble, assez finement, la carotte, l'oignon, l'ail, le céleri et le romarin.

4 **Chauffez** l'huile dans une sauteuse et faites-y revenir 1 minute ce hachis de légumes.

5 **Ajoutez** le bouillon et poursuivez la cuisson 6 minutes en remuant de temps en temps. Ajoutez la viande, mélangez bien et laissez revenir 3 à 4 minutes. Ajoutez enfin les tomates et poursuivez la cuisson 10 minutes environ.

6 **Montez** alors les lasagnes en commençant par un fond de béchamel, puis deux couches de feuilles de lasagne, une couche de bolognaise, puis de nouveau de la béchamel, deux couches de feuilles de lasagne, de la bolognaise, de la béchamel, une couche de feuilles de lasagne et terminez par de la béchamel. Saupoudrez le reste de parmesan.

7 **Enfournez** pour 25 à 30 minutes. En fin de cuisson, faites dorer 3 minutes sous un gril brûlant.

Le plaisir des **lasagnes** et de la **bolognaise** dans le même plat !

PÂTES
au chou-fleur et pecorino

Pour 4 personnes

Préparation : 5 min

Cuisson : 12 min (hors cuisson des pâtes)

360 g de farfalles

240 g de chou-fleur coupé en petits bouquets

30 cl de lait

40 g de pecorino râpé

20 cl de crème liquide

3 pincées de noix de muscade râpée

sel et poivre

1 Faites cuire les pâtes dans une grande casserole d'eau salée selon le temps indiqué sur l'emballage, puis égouttez-les rapidement.

2 Faites bouillir 30 cl d'eau et le lait, et plongez-y les petits bouquets de chou-fleur pendant 10 minutes.

3 Chauffez la crème au micro-ondes. Quand elle est bien chaude, versez-y le pecorino et fouettez pour le mélanger jusqu'à ce qu'il soit fondu. Ajoutez la noix de muscade, salez et poivrez à votre goût.

4 Répartissez les pâtes dans les assiettes, disposez le chou-fleur par-dessus, puis arrosez le tout de crème au pecorino.

Pour un plat tout en couleur, pensez au chou romanesco !

Notes : ____________________

____

____

GRATIN
de casarecce à la courge et à la sauge

Pour 4 personnes

Préparation : 10 min

Cuisson : 35 min (hors cuisson des pâtes)

240 g de casarecce

300 g de courge butternut coupée en cubes

60 cl de bouillon de légumes

1 boule de mozzarella coupée en petits cubes

1 tige de sauge effeuillée

6 cuil. à soupe de parmesan râpé

10 cl de crème liquide

sel

Notes : ______________________

____

____

1 **Préchauffez** le four à 180 °C (th. 6).

2 **Faites cuire** les pâtes dans une grande casserole d'eau salée selon le temps indiqué sur l'emballage, puis égouttez-les rapidement.

3 **Portez** le bouillon à ébullition et faites-y cuire la courge pendant 12 minutes.

4 **Mélangez** les pâtes dans un saladier avec la crème, la mozzarella, les feuilles de sauge et la moitié du parmesan.

5 **Versez** la préparation dans un plat, parsemez le reste de parmesan, puis enfournez pour 20 minutes.

6 **À la fin de la cuisson,** faites gratiner 3 minutes sous un gril brûlant.

Si vous n'aimez pas la sauge,
prenez du basilic !

ONE POT PASTA
jambon-champignons

Pour 4 personnes

Préparation : 2 min

Cuisson : 15 min

240 g de minipenne rigate

180 g de jambon

90 g d'échalotes

120 g de champignons

4 cuil. à soupe de crème fraîche liquide

sel et poivre

Notes : ....

1 Mettez tous les ingrédients dans une cocotte, versez 75 cl d'eau et portez à ébullition. Baissez le feu. Salez et poivrez à votre goût.

2 Laissez cuire 15 minutes environ à découvert en remuant régulièrement. Si nécessaire, ajoutez un peu de liquide et prolongez la cuisson.

Accentuez le goût de ce one pot en utilisant un mélange de champignons !

GRATIN
de ravioles à l'italienne

Pour 4 personnes

Préparation : 5 min

Cuisson : 23 min (hors cuisson des pâtes)

480 g de ravioles

12 tranches très fines de jambon cru

30 cl de crème liquide

150 g de ricotta

50 g de parmesan râpé

1 petit bouquet de basilic ciselé

sel et poivre

1 **Préchauffez** le four à 180 °C (th. 6).

2 **Fouettez** la crème et la ricotta, salez et poivrez à votre goût.

3 **Versez** dans un plat, en alternant la crème, les ravioles, le jambon, le parmesan et le basilic ciselé. Recommencez autant de fois que nécessaire en terminant par des ravioles et du parmesan.

4 **Enfournez** pour 20 minutes et en fin de cuisson passez 3 minutes sous le gril du four.

Pour accentuer le goût de votre ***gratin****, utilisez du* ***pecorino*** *!*

Notes : ....

....

....

CRÊTES DE COQ
au gorgonzola et aux noix

Pour 4 personnes

Préparation : 5 min

Cuisson : 5 min (hors cuisson des pâtes)

320 g de crêtes de coq

60 g de gorgonzola + 1 tranche coupée en cubes

20 cl de crème liquide

8 cuil. à soupe de noix grossièrement concassées

1 bol de pousses d'épinards

10 g de beurre

quelques gouttes d'huile de noix

sel et poivre

Notes : ....

....

....

1 **Faites cuire** les pâtes dans une grande casserole d'eau salée selon le temps indiqué sur l'emballage. Égouttez-les rapidement.

2 **Faites flétrir** les pousses d'épinards avec le beurre, dans une casserole, sur feu doux.

3 **Versez** la crème et le gorgonzola, salez et poivrez à votre goût. Remuez jusqu'à ce que le fromage soit fondu.

4 **Ajoutez** les pâtes et mélangez bien.

5 **Répartissez-les** dans les assiettes, parsemez-les de noix concassées et de cubes de fromage, et ajoutez l'huile de noix.

Tous les bleus s'accordent avec ce plat !

GNOCCHIS
aux cèpes

Pour 4 personnes

Préparation : 5 min

Cuisson : 10 min (hors cuisson des pâtes)

300 g de gnocchis

8 petits cèpes brossés et coupés en deux

20 cl de crème liquide

8 brins de ciboulette finement ciselés

1 gousse d'ail écrasée

10 g de beurre

sel et poivre

Notes :

1 **Faites cuire** les gnocchis dans une grande casserole d'eau salée selon le temps indiqué sur l'emballage, puis égouttez-les rapidement.

2 **Faites dorer** les cèpes avec le beurre dans une poêle, à feu assez vif.

3 **Ajoutez** l'ail et laissez revenir encore 1 minute.

4 **Réservez** 12 demi-cèpes et faites chauffer la crème dans la poêle avec le reste des cèpes pendant 2 minutes. Salez et poivrez.

5 **Mixez** finement le contenu de la poêle et versez-le dans le fond des assiettes. Déposez les gnocchis par-dessus, puis les demi-cèpes réservés. Parsemez de ciboulette.

Rendez vos gnocchis croustillants
en les passant dans le beurre au dernier moment !

GRATIN *de tortellinis*

Pour 4 personnes

Préparation : 10 min

Cuisson : 8 min (hors cuisson des pâtes)

260 g de tortellinis frais ricotta-épinards

4 tranches de jambon cru

30 cl de crème liquide

60 g de parmesan râpé + un peu pour faire gratiner

1 dizaine de feuilles de basilic

sel

1 Faites cuire les tortellinis dans une grande casserole d'eau salée selon le temps indiqué sur l'emballage, puis égouttez-les rapidement.

2 Faites chauffer la crème au micro-ondes. Versez-y le parmesan et fouettez bien.

3 Versez les tortellinis dans un plat. Déchirez grossièrement le jambon et répartissez-le parmi les pâtes, ainsi que les feuilles de basilic. Versez la crème par-dessus et saupoudrez d'un peu de parmesan râpé.

4 Faites gratiner 5 minutes sous le gril brûlant.

Un gratin aussi savoureux que simple à réaliser !

Notes : ....

....

....

RAVIOLIS
au fromage à la crème de potiron

Pour 4 personnes

Préparation : 5 min

Cuisson : 12 min
(hors cuisson des pâtes)

240 g de raviolis au fromage

300 g de potiron coupé en petits cubes

60 cl de bouillon de légumes

1 cuil. à soupe de graines de courge

2 pincées de noix de muscade

sel et poivre

Notes : ....

....

....

1 **Faites cuire** les raviolis dans une grande casserole d'eau salée selon le temps indiqué sur l'emballage, puis égouttez-les rapidement.

2 **Faites cuire** le potiron dans le bouillon pendant 12 minutes. Ajoutez la noix de muscade, salez et poivrez à votre goût et mixez très finement.

3 **Versez** le velouté de potiron dans les assiettes et déposez les raviolis par-dessus. Répartissez les graines de courge.

Pour une saveur plus parfumée, pensez au potimarron !

ONE POT PASTA
chili de pipe rigate

Pour 4 personnes

Préparation : 10 min

Cuisson : 15 min

320 g de pipe rigate

2 tomates coupées en cubes

1 poivron vert coupé en cubes

1 oignon émincé

360 g de haricots rouges au naturel

240 g de viande hachée

1 cuil. à soupe de paprika fort

3 tiges de thym

1 petit piment rouge

90 cl de bouillon de bœuf

sel et poivre

1 Mettez tous les ingrédients dans une cocotte, arrosez-les avec le bouillon et portez à ébullition. Baissez le feu, salez et poivrez à votre goût.

2 Laissez cuire 15 minutes environ à découvert en remuant régulièrement. Si nécessaire, ajoutez un peu de liquide et prolongez la cuisson.

Pour un chili végétarien, supprimez la viande et remplacez le bouillon de bœuf par du bouillon de légumes !

Notes : ....

....

....

FUSILLIS
aux mini-poivrons grillés

Pour 4 personnes

Préparation : 5 min

Cuisson : 15 min (hors cuisson des pâtes)

320 g de fusillis

20 mini-poivrons coupés en deux et épépinés

20 tomates cerises coupées en deux

2 cuil. à soupe d'huile

4 gousses d'ail écrasées

4 petites branches d'origan frais effeuillées

sel et poivre

Notes :

1 **Faites cuire** les pâtes dans une grande casserole d'eau salée selon le temps indiqué sur l'emballage, puis égouttez-les rapidement.

2 **Huilez** légèrement les poivrons au pinceau et faites-les cuire sur un gril bien chaud pendant 6 minutes environ, en les retournant à mi-cuisson. Posez les demi-tomates sur le gril 1 minute avant la fin de la cuisson des poivrons.

3 **Chauffez** l'huile dans une sauteuse et faites dorer l'ail.

4 **Ajoutez** les pâtes et mélangez, puis ajoutez les poivrons et les tomates, salez et poivrez.

5 **Parsemez** l'origan sur les assiettes et servez.

Si vous ne trouvez pas
de mini-poivrons,
prenez-en des maxis
et coupez-les en lanières !

ONE POT PASTA
vegan de gemelli à l'aubergine

Pour 4 personnes

Préparation : 10 min

Cuisson : 15 min

240 g de pâtes gemelli

1 petite aubergine coupée en cubes

1 gousse d'ail coupée en deux

400 g de tomates concassées en boîte

180 g de champignons de Paris

6 feuilles de basilic

3 feuilles de laurier

sel et poivre

Notes : ....

....

....

1 **Mettez** tous les ingrédients dans une cocotte avec 75 cl d'eau, portez à ébullition, puis baissez le feu.

2 **Mélangez**, salez et poivrez à votre goût et laissez cuire 15 minutes environ à découvert en remuant régulièrement.

3 **N'hésitez** pas à ajouter un peu de liquide et à prolonger la cuisson si nécessaire.

Une manière incontournable
de faire manger des légumes
à vos enfants !

SALADE
express aux vermicelles de soja

Pour 4 personnes

Préparation : 10 min

Repos : 4 min

Cuisson : 4 min

120 g de vermicelles de soja

une vingtaine de crevettes surgelées

16 tomates cerises coupées en deux

1 petit avocat coupé en petits cubes

1 oignon nouveau émincé

Pour la sauce :
2 cuil. à soupe de sauce pour rouleaux de printemps

1 cuil. à soupe d'huile neutre

quelques gouttes d'huile de sésame

1 **Versez** les vermicelles et les crevettes dans un saladier, recouvrez-les d'eau bouillante, couvrez et laissez reposer 4 minutes.

2 **Fouettez** ensemble tous les ingrédients de la sauce.

3 **Égouttez** les vermicelles et les crevettes, rincez-les à l'eau froide et égouttez bien de nouveau.

4 **Mélangez-les** aux autres ingrédients de la salade et arrosez-les de sauce.

Mettez votre salade au vert en ajoutant
une poignée de pousses mélangées !

ONE POT PASTA
aux légumes du soleil

Pour 4 personnes

Préparation : 10 min

Cuisson : 15 à 20 min

320 g de fusillis

200 g de tomates cerises coupées en deux

250 g de petits poivrons épépinés et coupés en deux

1/2 oignon émincé

1 cuil. à soupe d'huile d'olive

1 gousse d'ail coupée en deux

1 bouillon cube de légumes

3 branches de basilic

2 cuil. à soupe de pignons de pin hachés

parmesan râpé pour servir

sel et poivre

1 **Prélevez** quelques feuilles de basilic et réservez-les avec les pignons et le parmesan. Mettez le reste des ingrédients dans une cocotte avec 90 cl d'eau.

2 **Portez** à ébullition, puis baissez le feu, salez et poivrez selon votre goût. Laissez cuire 15 minutes environ à découvert, en remuant régulièrement. Si nécessaire, ajoutez un peu de liquide et prolongez la cuisson.

3 **Faites** légèrement dorer les pignons à sec dans une poêle pendant la cuisson du one pot.

4 **Servez** dans les assiettes, saupoudrez de parmesan, parsemez les pignons et décorez avec les feuilles de basilic réservées.

Vous pouvez ajouter d'autres légumes du soleil, comme les courgettes !

STAUB
STAUB

MAC'N'CHEESE *express*

Pour 4 personnes

Préparation : 5 min

Cuisson : 7 min

360 g de macaronis

240 g de comté râpé

36 cl de lait

4 cuil. à café de farine

sel et poivre

Pour le croustillant :

2 cuil à soupe de chapelure dorée

1 cuil. à soupe de pignons hachés

2 ou 3 branches de thym frais effeuillées

Notes :

1 **Répartissez** les macaronis et 80 cl d'eau dans 4 grands bols (assez grands pour que l'eau ne déborde pas pendant la cuisson), salez légèrement et poivrez. Faites cuire 3 minutes au micro-ondes à pleine puissance. Mélangez et faites cuire à nouveau 3 minutes.

2 **Mélangez** le lait et la farine et versez-les sur les pâtes, puis ajoutez le comté, remuez bien et remettez au micro-ondes pour 1 minute.

3 **Mélangez** une dernière fois, versez dans des assiettes creuses et parsemez de chapelure, de thym et de pignons.

Un plat à réaliser sans salir
la moindre casserole !

ONE POT PASTA
de pipe rigate au saumon et curry

Pour 4 personnes

Préparation : 10 min

Cuisson : 15 à 20 min

320 g de pipe rigate

320 g de saumon coupé en cubes

1 oignon rouge émincé

1/2 poivron vert épépiné et coupé en cubes

1/2 poivron rouge épépiné et coupé en cubes

1 gousse d'ail coupée en deux

1 cuil. à café de curry en poudre

sel et poivre

1 Mettez
tous les ingrédients dans une cocotte, salez et poivrez à votre goût.

2 Versez
90 cl d'eau. Portez à ébullition, puis baissez le feu.

3 Laissez cuire
15 minutes environ à découvert en remuant régulièrement. N'hésitez pas à ajouter un peu de liquide et à prolonger la cuisson si nécessaire.

Vous pouvez remplacer le saumon par du cabillaud.

PAPILLONS
à la printanière

Pour 4 personnes

Préparation : 15 min

Cuisson : 8 min (hors cuisson des pâtes)

320 g de papillons

2 petites courgettes coupées en tout petits cubes

2 petites carottes coupées en tout petits cubes

150 g de haricots verts coupés en petits tronçons

1 filet d'huile d'olive

2 ou 3 tiges de basilic effeuillées

sel et poivre

Notes : ....

....

....

1 Faites cuire les pâtes dans une grande casserole d'eau salée selon le temps indiqué sur l'emballage, puis égouttez-les rapidement.

2 Plongez les légumes dans l'eau bouillante salée, dans trois casseroles séparées : les courgettes pendant 5 minutes, les haricots verts et les carottes pendant 8 minutes.

3 Rassemblez les légumes et mélangez-les avec l'huile d'olive. Assaisonnez.

4 Servez les pâtes dans les assiettes, ajoutez les légumes par-dessus et les feuilles de basilic.

Ce plat permet de faire manger
des légumes aux enfants !

COQUILLETTES
express à la grecque

Pour 4 personnes

Préparation : 5 min

Cuisson : 7 min

240 g de coquillettes

120 g de sauce tomate

120 g de feta coupée en petits cubes

4 cuil. à soupe d'olives noires dénoyautées

120 g de pois chiches au naturel

1 cuil. à soupe de pignons légèrement dorés

2 ou 3 tiges d'origan effeuillées

sel et poivre

Notes : ....

....

....

1 Répartissez les coquillettes et 80 cl d'eau dans 4 grands bols (assez grands pour que l'eau ne déborde pas pendant la cuisson), salez, poivrez et faites cuire 3 minutes au micro-ondes à pleine puissance. Mélangez et faites cuire à nouveau 3 minutes.

2 Ajoutez la sauce tomate et les pois chiches, mélangez et faites cuire encore 1 minute.

3 Mélangez une dernière fois, servez dans les assiettes creuses et répartissez par-dessus la feta, les olives, les pignons et l'origan.

N'hésitez pas à varier les sauces : une sauce tomate basilic, ou bolognaise, donnera encore plus de goût à vos pâtes !

ONE POT PASTA
de macaronis végétarien

Pour 4 personnes

Préparation : 5 min

Cuisson : 15 min

320 g de macaronis

4 tomates coupées en morceaux

1 boule de mozzarella coupée en cubes

150 g de petites feuilles d'épinards

1 cube de bouillon de légumes

sel et poivre

1 Mettez tous les ingrédients dans une cocotte avec 75 cl d'eau, portez à ébullition. Baissez le feu, salez et poivrez à votre goût.

2 Laissez cuire 15 minutes environ à découvert en remuant régulièrement. Si nécessaire, ajoutez un peu de liquide et prolongez la cuisson.

Vous pouvez aussi ajouter des courgettes !

Notes : ....

....

....

PAPILLONS *des bois*

Pour 4 personnes

Préparation : 5 min

Cuisson : 15 min (hors cuisson des pâtes)

320 g de farfalles

400 g de blanc de poulet coupé en cubes

400 g de champignons mélangés

2 cuil. à soupe de beurre

1 gousse d'ail

2 cuil. à soupe de crème fraîche

3 brins d'estragon hachés

3 brins de persil hachés

3 cuil. à soupe de noisettes hachées

sel et poivre

1 **Faites cuire** les pâtes dans une grande casserole d'eau salée selon le temps indiqué sur l'emballage, puis égouttez-les rapidement.

2 **Faites dorer** le blanc de poulet dans une poêle avec 1 cuillerée à soupe de beurre et réservez.

3 **Faites revenir** 3 minutes les champignons et l'ail dans le reste du beurre. Ajoutez la crème et le poulet. Salez et poivrez. Mélangez et laissez cuire 2 minutes.

4 **Servez** dans les assiettes et parsemez d'estragon, de persil et de noisettes.

Plus simplement, faites ce plat avec des champignons de Paris !

ONE POT PASTA
de la mer

Pour 4 personnes

Préparation : 3 min

Cuisson : 15 min

320 g de minipipe rigate

300 g de cocktail de fruits de mer surgelé

8 gambas décortiquées surgelées

3 tiges de persil hachées

4 branches de thym

3 feuilles de laurier

2 cuil. à soupe de crème fraîche

sel et poivre

Notes :

1 Mettez tous les ingrédients, sauf la crème, dans une cocotte, portez à ébullition, puis baissez le feu. Salez et poivrez à votre goût.

2 Laissez cuire 15 minutes environ à découvert en remuant régulièrement. Si nécessaire, ajoutez un peu de liquide et prolongez la cuisson.

3 À la fin de la cuisson, ajoutez la crème et mélangez.

Rendez votre plat encore plus maritime
en ajoutant des cubes de saumon !

NOUILLES
express à l'asiatique

Pour 4 personnes

Préparation : 10 min

Repos : 4 min

Cuisson : 4 min

150 g de nouilles chinoises instantanées

1 petite carotte râpée grossièrement

50 g de pousses de bambou émincées au naturel

1 gousse d'ail écrasée

50 g de concombre émincé

2 oignons nouveaux émincés

2 cuil. à soupe de sauce soja

1 cuil. à soupe d'huile

1 cuil. à café de graines de sésame doré

poivre

1 **Versez** les nouilles, la carotte et le bambou dans un saladier, recouvrez d'eau bouillante, couvrez et laissez reposer 4 minutes.

2 **Faites revenir** l'ail avec l'huile dans une poêle. Ajoutez la sauce soja et la moitié de l'oignon nouveau et mélangez.

3 **Égouttez** les nouilles et les légumes et ajoutez-les dans la poêle, poivrez à votre goût et coupez le feu. Mélangez encore, servez et parsemez l'oignon restant, le concombre et les graines de sésame.

*Pour un plat encore **plus complet**, parsemez quelques **cubes de tofu** sur **les pâtes** !*

TAGLIATELLES
alla carbonara

Pour 4 personnes

Préparation : 5 min

Cuisson : 8 min (hors cuisson des pâtes)

320 g de tagliatelles

8 tranches de bacon coupées en lamelles

1 cuil. à soupe d'huile d'olive

20 cl de crème fraîche épaisse

30 g de parmesan

4 jaunes d'œufs

sel et poivre

Notes : ....

1 Faites cuire les pâtes dans une grande casserole d'eau salée selon le temps indiqué sur l'emballage, puis égouttez-les rapidement.

2 Chauffez l'huile dans une poêle et faites-y revenir le bacon jusqu'à ce qu'il soit doré.

3 Ajoutez ensuite la crème et le parmesan. Mélangez jusqu'à ce que la préparation soit chaude.

4 Versez ensuite ce mélange sur les pâtes. Disposez dans les assiettes, ajoutez 1 jaune d'œuf dans chacune d'elles et mélangez délicatement. Poivrez et servez.

*Si vous n'avez pas de **bacon**, remplacez-le par du **jambon** !*

WOK DE NOUILLES
chinoises au poulet aigre-doux

Pour 4 personnes

Préparation : 10 min

Cuisson : 10 min (hors cuisson des pâtes)

- 320 g de nouilles chinoises
- 4 blancs de poulet coupés en cubes
- 1 poivron rouge épépiné et coupé en cubes
- 120 g d'ananas en morceaux, en boîte, au naturel
- 2 cuil. à soupe du jus d'ananas
- 4 oignons nouveaux émincés
- 1 cuil. à soupe de sauce soja
- 1 cuil. à soupe de sucre en poudre
- 1 cuil. à soupe d'huile neutre
- sel et poivre

1 Faites cuire les nouilles dans une grande casserole d'eau salée selon le temps indiqué sur l'emballage, puis égouttez-les rapidement.

2 Chauffez l'huile dans un wok et faites colorer le poulet.

3 Versez-y le poivron et les oignons, salez et poivrez à votre goût, et laissez cuire 3 minutes.

4 Ajoutez le jus d'ananas, le sucre et la sauce soja, et laissez caraméliser la sauce. Ajoutez les morceaux d'ananas et mélangez.

5 Versez enfin les nouilles, mélangez bien le tout et servez aussitôt.

Si vous n'avez pas de wok,
une simple poêle suffit !

SPAGHETTIS
alle vongole

Pour 4 personnes

Préparation : 10 min + 1 h de trempage

Cuisson : 15 min (hors cuisson des pâtes)

- 320 g de spaghettis
- 500 g de coques
- 1 cuil. à soupe d'huile d'olive
- 1 petit oignon haché très finement
- 2 gousses d'ail coupées en deux
- 120 ml de vin blanc sec
- 1/2 piment rouge épiné et finement haché
- 1 pincée de filaments de safran
- 5 tiges de persil plat hachées
- sel et poivre

1 Faites tremper les coques dans une grande quantité d'eau pendant 1 heure en renouvelant l'eau trois fois, puis égouttez.

2 Faites cuire les pâtes dans une grande casserole d'eau salée selon le temps indiqué sur l'emballage, puis égouttez-les rapidement.

3 Chauffez l'huile dans une sauteuse et faites-y revenir l'oignon et l'ail pendant 3 minutes.

4 Versez le vin et poursuivez la cuisson 2 minutes. Ajoutez les coques, le piment et le safran. Couvrez et faites cuire 5 minutes. Ajoutez le persil, salez et poivrez, puis remuez.

5 Filtrez le contenu de la casserole dans une passoire. Récupérez le jus, filtrez-le et remettez-le dans la casserole, faites-le réduire pendant 2 à 3 minutes.

6 Ajoutez les pâtes, puis les coques. Remuez et servez.

Si vous ne trouvez pas de coques,
choisissez d'autres coquillages !

LASAGNETTES
à la grecque

Pour 4 personnes

Préparation : 5 min

Cuisson : 10 min (hors cuisson des pâtes)

320 g de lasagnettes

150 g de petits champignons au naturel

400 g de tomates concassées en boîte

1 vingtaine d'olives à la grecque

100 g de feta coupée en cubes

1 cuil. à soupe d'huile d'olive

sel

Notes : ....

....

....

1 Faites cuire les pâtes dans une grande casserole d'eau salée selon le temps indiqué sur l'emballage, puis égouttez-les rapidement.

2 Chauffez l'huile dans une sauteuse et faites-y cuire les tomates en remuant, pendant 6 minutes.

3 Ajoutez les champignons et les olives, mélangez et faites cuire encore 3 minutes.

4 Versez les pâtes dans la sauteuse et mélangez bien.

5 Répartissez les lasagnettes dans les assiettes, puis parsemez-les de feta en cubes.

*Pour accentuer les **saveurs** de votre plat, vous pouvez ajouter des **herbes ciselées** !*

PÂTES
aux trois fromages

Pour 4 personnes

Préparation : 5 min

Cuisson : 3 min (hors cuisson des pâtes)

320 g de farfalles

100 g de mascarpone

50 g de gorgonzola

40 g de parmesan en copeaux

10 cl de crème liquide entière

sel et poivre

Notes : ....

1 **Faites cuire** les pâtes dans une grande casserole d'eau salée selon le temps indiqué sur l'emballage, puis égouttez-les rapidement.

2 **Mélangez** dans un bol la crème, le gorgonzola et le mascarpone, chauffez le tout au micro-ondes, puis remuez.

3 **Versez** les pâtes dans le fromage et mélangez de nouveau. Servez dans les assiettes et répartissez le parmesan par-dessus. Poivrez à votre goût.

Trois fromages
que vous pouvez varier selon vos envies !

TAGLIATELLES
sauce arrabbiata

Pour 4 personnes

Préparation : 5 min

Cuisson : 15 min (hors cuisson des pâtes)

320 g de tagliatelles

400 g de tomates concassées en boîte

1 gousse d'ail écrasée

1 piment oiseau sec écrasé grossièrement

4 tiges de persil effeuillées, grossièrement hachées

2 cuil. à soupe d'huile d'olive

4 cuil. à soupe de parmesan en copeaux

sel

Notes : ....

....

....

1 Faites cuire les pâtes dans une grande casserole d'eau salée selon le temps indiqué sur l'emballage, puis égouttez-les rapidement.

2 Chauffez l'huile dans une sauteuse et faites-y revenir l'ail et le piment pendant 1 minute, à feu moyen.

3 Ajoutez les tomates et laissez cuire 12 minutes en remuant de temps en temps. Ajoutez ensuite le persil (en réservant quelques feuilles pour le décor) et mélangez. Versez les pâtes et remuez une dernière fois.

4 Parsemez de copeaux de parmesan et décorez de quelques feuilles de persil.

Pour un plat moins relevé,
oubliez le piment !

MAC'N'CHEESE
aux épinards

Pour 4 personnes

Préparation : 15 min

Cuisson : 18 min (hors cuisson des pâtes)

- 240 g de macaronis
- 60 g d'épinards
- 15 g de farine
- 20 g de beurre
- 50 cl de lait
- 200 g de gruyère râpé
- 4 cuil. à soupe de chapelure
- 4 brins de persil

1 Faites cuire les pâtes dans une grande casserole d'eau salée selon le temps indiqué sur l'emballage, puis égouttez-les rapidement.

2 Faites fondre 15 g de beurre dans une casserole et incorporez-y la farine.

3 Faites tiédir le lait au micro-ondes et ajoutez-le peu à peu dans la casserole en remuant régulièrement. Laissez épaissir 5 minutes et incorporez le gruyère.

4 Chauffez le beurre restant dans une poêle et faites-y revenir rapidement les feuilles d'épinards jusqu'à ce qu'elles soient flétries.

5 Mixez ensemble la chapelure et le persil.

6 Préchauffez le four à 180 °C (th. 6). Mélangez les pâtes à la sauce. Versez la moitié des pâtes dans un moule de 20 cm environ. Étalez les épinards par-dessus, puis disposez le reste de pâtes. Parsemez de chapelure.

7 Enfournez pour 10 minutes, puis passez sous le gril brûlant pour dorer le plat.

Vous ne direz plus jamais que les enfants
n'aiment pas les épinards !

WOK DE NOUILLES *chinoises au bœuf et aux cacahuètes*

Pour 4 personnes

Préparation : 10 min

Cuisson : 10 min (hors cuisson des pâtes)

320 g de nouilles chinoises

300 g de faux-filet de bœuf coupé en petits cubes

6 échalotes émincées finement

1 gousse d'ail hachée finement

3 cl de bouillon de bœuf

2 cuil. à soupe de cacahuètes hachées

1 cuil. à soupe de sauce huître

1 petit piment rouge émincé finement

1 cuil. à soupe d'huile neutre

sel

1 Faites cuire les nouilles dans une grande casserole d'eau salée selon le temps indiqué sur l'emballage, puis égouttez-les rapidement.

2 Versez l'huile dans le wok et quand elle est bien chaude, faites revenir le bœuf.

3 Ajoutez les échalotes, le piment et l'ail, salez à votre goût, et faites sauter rapidement.

4 Ajoutez la sauce huître et le bouillon. Laissez sur le feu jusqu'à ce que la sauce devienne sirupeuse.

5 Ajoutez les nouilles et remuez. Parsemez-les de cacahuètes hachées et servez.

Un plat pour voyager en Asie par le goût !

TAGLIATELLES
aux noix de saint-jacques

Pour 4 personnes

Préparation : 5 min

Cuisson : 10 min (hors cuisson des pâtes)

320 g de tagliatelles

12 noix de saint-jacques

60 g de pousses d'épinards

4 gousses d'ail coupées en deux

1 cuil. à soupe d'huile d'olive + quelques gouttes

sel et poivre

1 **Faites cuire** les pâtes dans une grande casserole d'eau salée selon le temps indiqué sur l'emballage, puis égouttez-les rapidement.

2 **Faites dorer** l'ail dans une sauteuse avec 1 cuillerée à soupe d'huile d'olive. Ajoutez les pousses d'épinards et mélangez juste le temps de les flétrir.

3 **Retirez** du feu, ajoutez les pâtes dans la sauteuse, mélangez et réservez à couvert.

4 **Versez** quelques gouttes d'huile dans une poêle antiadhésive et faites dorer les noix de saint-jacques de chaque côté. Salez-les légèrement et poivrez-les généreusement.

5 **Répartissez** les pâtes dans les assiettes et déposez par-dessus les noix de saint-jacques.

Notes : ....

Un plat de fête
prêt en quelques minutes !

WOK
aux tagliatelles de riz, poulet et crevettes

Pour 4 personnes

Préparation : 10 min

Cuisson : 10 min (hors cuisson des pâtes)

300 g de tagliatelles de riz

120 g de crevettes décortiquées

4 blancs de poulet coupés en cubes

80 g de noix de cajou

2 oignons nouveaux émincés

1 cuil. à soupe d'huile neutre

4 cuil. à soupe de sauce aigre-douce

sel et poivre

1 Faites cuire les pâtes dans une grande casserole d'eau salée selon le temps indiqué sur l'emballage, puis égouttez-les rapidement.

2 Chauffez l'huile dans un wok et faites-y sauter le poulet pendant 2 minutes.

3 Ajoutez les oignons et les noix de cajou, puis faites sauter encore 1 minute.

4 Ajoutez les crevettes, la sauce aigre-douce et 3 cl d'eau, salez et poivrez à votre goût, et faites cuire en remuant de temps en temps jusqu'à ce que la sauce devienne sirupeuse.

5 Versez les pâtes dans le wok et mélangez le tout.

Comme bien des woks,
un plat à préparer
au dernier moment !

FAGOTINIS
aux épinards

Pour 4 personnes

Préparation : 10 min

Cuisson : 4 à 6 min (hors cuisson des pâtes)

360 g de fagotinis aux épinards (ou d'un autre ravioli de même type)

800 g de feuilles d'épinards lavées et équeutées

10 g de beurre

10 cl de crème fraîche

quelques pincées de sésame doré

1 cuil. à café d'huile de noisette

sel et poivre

Notes : ....

....

....

1 Faites cuire les fagotinis dans une grande casserole d'eau salée selon le temps indiqué sur l'emballage, puis égouttez-les rapidement.

2 Faites chauffer le beurre dans une grande sauteuse à feu assez vif. Ajoutez les épinards et mélangez jusqu'à ce qu'ils aient complètement réduit, en remuant régulièrement : comptez 2 à 3 minutes.

3 Ajoutez les fagotinis et la crème, salez et poivrez. Mélangez, baissez le feu et laissez cuire à couvert 2 à 3 minutes.

4 Disposez dans les assiettes, parsemez de sésame doré et arrosez d'huile de noisette.

Vous pouvez utiliser des épinards surgelés, pensez juste à bien les essorer !

PAD THAÏ
aux crevettes

Pour 4 personnes

Préparation : 15 min

Cuisson : 10 min (hors cuisson des pâtes)

320 g de nouilles de riz sèches (larges comme des tagliatelles)

12 crevettes

2 cuil. à soupe de noix de cajou hachées

1 cuil. à soupe de pâte de tamarin

2 cuil. à soupe de nuoc-mâm

6 cuil. à soupe de vergeoise

2 cuil. à café de gingembre râpé

1 à 2 cuil. à soupe d'huile neutre

4 échalotes hachées

1/2 piment haché très fin

4 œufs

2 oignons nouveaux émincés finement (le vert et un peu de blanc)

60 g de pousses de soja fraîches

le jus de 1 citron vert

sel

1 Faites cuire les pâtes dans une grande casserole d'eau salée selon le temps indiqué sur l'emballage, puis égouttez-les.

2 Versez dans une casserole le tamarin, le nuoc-mâm et la vergeoise et portez à ébullition. Retirez du feu dès que la sauce est sirupeuse, puis ajoutez le gingembre.

3 Faites sauter rapidement les crevettes avec l'huile dans un wok (ou une sauteuse). Réservez-les.

4 Ajoutez un filet d'huile dans le wok et faites-y revenir les échalotes, puis versez la moitié de la sauce au tamarin, le piment et les pâtes.

5 Laissez cuire à feu vif en remuant constamment, le temps que les pâtes absorbent le jus et commencent à croustiller un peu.

6 Poussez les pâtes sur un côté du wok et versez les œufs battus dans l'espace libéré. Remuez-les le temps de les cuire en les gardant crémeux. Mélangez délicatement les pâtes et les œufs.

7 Éteignez le feu, ajoutez les oignons, les crevettes, les pousses de soja et mélangez. Laissez reposer à couvert 3 minutes.

8 Servez dans les assiettes, saupoudrez de noix de cajou, ajoutez le citron vert et le reste de sauce.

Vous trouverez la pâte de tamarin
dans les épiceries asiatiques !

OSSO-BUCO *delicioso*

Pour 4 personnes

Préparation : 10 min

Cuisson : 1 h 45 (hors cuisson des pâtes)

360 g de spaghettis

4 tranches de jarret de bœuf

1 belle carotte coupée en tronçons

1 branche de céleri coupée en tronçons

50 cl de bouillon de bœuf

1 gousse d'ail coupée en deux

1 oignon coupé en quatre

2 feuilles de laurier

400 g de tomates concassées en boîte

1 cuil. à café de sucre en poudre

3 tiges de basilic effeuillées + quelques feuilles pour le décor (facultatif)

1 cuil. à soupe d'huile d'olive

sel et poivre

20 g de parmesan râpé

1 Chauffez l'huile dans une grande sauteuse, puis faites-y dorer les tranches de jarret des deux côtés.

2 Mixez ensemble, pendant ce temps, la carotte, le céleri, l'ail et l'oignon.

3 Versez ce hachis dans la sauteuse par-dessus les tranches de jaret, ajoutez le laurier et faites revenir à feu vif 3 minutes en remuant.

4 Ajoutez le bouillon de bœuf, les tomates, le sucre et les feuilles de basilic, mélangez, salez et poivrez à votre goût. Poursuivez la cuisson 1 h 30 en remuant de temps en temps.

5 Faites cuire les pâtes dans une grande casserole d'eau salée selon le temps indiqué sur l'emballage, puis égouttez-les rapidement.

6 Saupoudrez les pâtes de parmesan et éventuellement de quelques feuilles de basilic, et servez-les accompagnées de l'osso-buco.

L'osso-buco, toujours aussi bon,
mais bien plus facile à réaliser !

PÂTES CRÉMEUSES
au poulet croustillant

Pour 4 personnes

Préparation : 15 min

Cuisson : 10 min (hors cuisson des pâtes)

320 g de conchiglie

huile pour la friture

Pour la sauce :
40 cl de lait

1 cuil. à soupe de farine

30 g de beurre

15 g de parmesan

sel et poivre

Pour le poulet :
4 blancs de poulet coupés en cubes

60 g de chapelure

20 g d'amandes effilées

1 œuf

3 tiges de persil ciselées + quelques brins pour décorer

1 Faites cuire les pâtes dans une grande casserole d'eau salée selon le temps indiqué sur l'emballage, puis égouttez-les rapidement.

2 Mixez ensemble le persil, la chapelure et les amandes effilées. Passez les cubes de poulet dans l'œuf battu, puis dans la chapelure.

3 Faites-les cuire dans un bain de friture à 140 °C jusqu'à ce qu'ils soient dorés (5 minutes environ).

4 Préparez la sauce : faites chauffer le beurre dans une casserole, ajoutez la farine, fouettez et ajoutez le lait tout en mélangeant. Salez et poivrez à votre goût. Laissez épaissir 2 à 3 minutes. Ajoutez le parmesan et fouettez une dernière fois.

5 Ajoutez les pâtes à cette sauce et mélangez pour bien les enrober. Ajoutez les cubes de poulet pané et parsemez de quelques brins de persil.

Si vous n'avez pas de chapelure, vous pouvez écraser des biscottes ou du pain dur.

SPAGHETTIS *aux boulettes*

Pour 4 personnes
Préparation : 20 min
Cuisson : 30 min (hors cuisson des pâtes)

320 g de spaghettis
1 cuil. à soupe d'huile d'olive
60 ml de vin blanc
400 g de tomates concassées en boîte
1 cuil. à café de paprika
2 tiges d'origan
1 cuil. à café de sucre en poudre
2 tomates vertes fraîches, coupées en cubes
quelques feuilles d'origan
sel

Pour les boulettes :
250 g de farce
250 g de steak haché
1/2 oignon finement haché
1 gousse d'ail finement hachée
5 tiges de persil plat finement hachées
1 cuil. à café de zeste de citron finement râpé
1 œuf
2 cuil. à soupe de parmesan râpé
1 cuil. à soupe de farine
sel et poivre

1 Préparez les boulettes : dans un saladier, mélangez la farce et le steak haché. Ajoutez l'oignon, l'ail, le persil, le zeste de citron, l'œuf, le parmesan et la farine, salez et poivrez. Mélangez bien le tout. Formez des boulettes de 30 g environ.

2 Chauffez l'huile dans la sauteuse et faites-y revenir les boulettes de tous les côtés jusqu'à ce qu'elles soient légèrement dorées.

3 Versez le vin blanc et mélangez. Ajoutez les tomates, le paprika, l'origan et le sucre. Remuez, faites cuire 10 minutes à couvert, à feu assez doux, puis 10 minutes à découvert.

4 Faites cuire les pâtes dans une grande casserole d'eau salée selon le temps indiqué sur l'emballage, puis égouttez-les rapidement.

5 Versez un peu de sauce dans le fond de l'assiette, ajoutez-y les pâtes, puis les boulettes. Parsemez des cubes de tomates fraîches et d'origan.

N'hésitez pas à varier les plaisirs en utilisant d'autres viandes pour réaliser les boulettes !

COQUILLETTES
à la cantonaise

Pour 4 personnes

Préparation : 10 min

Cuisson : 15 min (hors cuisson des pâtes)

320 g de coquillettes

1 tranche de jambon de 1,5 cm d'épaisseur

12 gambas décortiquées

60 g de petits pois surgelés

4 œufs

huile d'olive

sel

Notes :

1 **Faites cuire** les pâtes dans une grande casserole d'eau salée selon le temps indiqué sur l'emballage, puis égouttez-les rapidement.

2 **Découpez** la tranche de jambon en cubes.

3 **Plongez** les gambas 3 minutes dans une casserole d'eau bouillante, puis égouttez-les et réservez-les.

4 **Faites cuire** les petits pois selon les indications portées sur l'emballage.

5 **Fouettez** 1 œuf dans un bol. Faites chauffer une petite poêle avec un filet d'huile. Versez l'œuf et étalez-le sur toute la surface de la poêle. Laissez sur le feu jusqu'à ce que l'omelette soit cuite. Roulez-la et réservez-la. Recommencez l'opération pour chacun des œufs.

6 **Mélangez** dans un saladier les pâtes, le jambon, les gambas et les petits pois. Disposez le mélange dans les assiettes.

7 **Découpez** chaque omelette roulée en rondelles et déposez-les sur les coquillettes.

Pour aller plus vite, faites une seule omelette
dans une grande poêle et garnissez votre plat de
coquillettes avec des cubes d'omelette !

TORTILLA
coquillettes

Pour 4 personnes

Préparation : 10 min

Cuisson : 55 min (hors cuisson des pâtes)

- 120 g de coquillettes
- 1 gros oignon finement haché
- 1 cuil. à soupe de beurre + un peu pour le moule
- 8 œufs
- 2 cuil. à soupe de persil haché
- 2 cuil. à soupe de ketchup
- sel

1 Préchauffez le four à 190 °C (th. 6-7).

2 Faites cuire les pâtes dans une grande casserole d'eau salée selon le temps indiqué sur l'emballage, puis égouttez-les rapidement.

3 Faites revenir l'oignon dans une poêle avec le beurre. Fouettez les œufs et incorporez-y les pâtes et l'oignon.

4 Beurrez un moule à manqué de 20 cm environ de diamètre. Versez-y un tiers du mélange et saupoudrez le persil. Versez un autre tiers, puis ajoutez le ketchup. Versez enfin le reste de la préparation.

5 Enfournez pour 50 minutes.

Notes : ....

Froide, cette tortilla sera la merveille de vos pique-niques !

PÂTES
tomate-saucisse

Pour 4 personnes

Préparation : 10 min

Cuisson : 18 min (hors cuisson des pâtes)

240 g de coquillettes

4 chipolatas aux herbes coupées en tronçons

400 g de tomates concassées en boîte

1 cuil. à café de sucre en poudre

1 douzaine de tomates cerises coupées en deux

1 cuil. à soupe d'huile d'olive

sel et poivre

Notes : ....

1 **Faites cuire** les pâtes dans une grande casserole d'eau salée selon le temps indiqué sur l'emballage, puis égouttez-les rapidement.

2 **Chauffez** l'huile dans une poêle et faites-y dorer les tronçons de saucisses.

3 **Ajoutez** les tomates et le sucre, salez et poivrez à votre goût. Mélangez et laissez cuire une douzaine de minutes en remuant de temps en temps.

4 **Étalez** la sauce tomate au fond des assiettes, déposez les coquillettes, les saucisses, puis les tomates cerises.

*Pour une recette plus piquante, préférez les **merguez** !*

GRATIN
de raviolis à la Vache qui rit®

Pour 4 personnes

Préparation : 5 min

Cuisson : 3 min (hors cuisson des pâtes)

300 g de raviolis

20 cl de crème liquide

80 g de Vache qui rit®

20 g de gruyère râpé

sel et poivre

1 Faites cuire les raviolis dans une grande casserole d'eau salée selon le temps indiqué sur l'emballage, puis égouttez-les rapidement.

2 Fouettez la crème et la Vache qui rit®, salez et poivrez à votre goût.

3 Déposez les raviolis dans un plat, versez la crème par-dessus, parsermez de gruyère râpé et passez-les 3 minutes sous le gril du four.

Pour un plat encore plus complet, ajoutez un peu de jambon haché !

Notes : ....

....

....

PIPE RIGATE
aux boulettes de poulet

Pour 4 personnes

Préparation : 20 min

Cuisson : 15 min (hors cuisson des pâtes)

- 320 g de pipe rigate
- 700 g de blanc de poulet coupé en cubes
- 400 g de tomates concassées en boîte
- 1 gousse d'ail pelée
- 3 tiges de coriandre
- 3 mini-poivrons (1 rouge, 1 jaune, 1 vert) grossièrement hachés
- 1 cuil. à soupe d'oignon rouge grossièrement haché
- 1 cuil. à café de sucre en poudre
- 1/4 cuil. à café de paprika
- 1/4 cuil. à café de Tabasco®
- 1 cuil. à soupe d'huile neutre
- sel et poivre

1 Préchauffez le four à 210 °C (th. 7).

2 Mixez ensemble l'ail, la coriandre, les poivrons et l'oignon assez finement. À part, mixez grossièrement le poulet, puis ajoutez-lui le mélange de légumes, le paprika et le Tabasco®, salez et poivrez, et terminez de mixer assez finement.

3 Formez des boulettes de la taille d'une grosse noix avec cette préparation. Versez l'huile dans un plat, déposez-y les boulettes et faites-les cuire 10 minutes en les remuant à mi-cuisson. Ajoutez les tomates et le sucre, et prolongez la cuisson de 5 minutes.

4 Faites cuire les pâtes dans une grande casserole d'eau salée selon le temps indiqué sur l'emballage, puis égouttez-les rapidement.

5 Déposez les pâtes dans les assiettes et répartissez les boulettes à la tomate par-dessus.

Si vous n'aimez pas la **coriandre**, prenez du **persil** !

ONE POT PASTA
bolognaise

Pour 4 personnes

Préparation : 10 min

Cuisson : 20 min

240 g de spaghettis

150 g de viande hachée

400 g de tomates concassées en boîte

1 poivron rouge coupé en cubes

1 oignon émincé

1 branche de céleri

1 gousse d'ail coupée en deux

2 branches de thym

4 feuilles de basilic

2 feuilles de laurier

sel et poivre

1 Mettez tous les ingrédients dans une cocotte, versez 75 cl d'eau et portez à ébullition.

2 Baissez le feu aux premiers bouillons. Salez et poivrez à votre goût. Laissez cuire une quinzaine de minutes à découvert, en remuant régulièrement.

3 N'hésitez pas à ajouter un peu de liquide et à prolonger la cuisson si nécessaire.

Une bolognaise sans effort !

ROTELLES
à la Vache qui rit® et au jambon

Pour 4 personnes

Préparation : 5 min

Cuisson : 5 min (hors cuisson des pâtes)

320 g de rotelles

4 portions de Vache qui rit®

10 cl de crème liquide

4 tranches de jambon blanc

sel et poivre

Notes : ....

....

....

1 Faites cuire les pâtes dans une grande casserole d'eau salée selon le temps indiqué sur l'emballage, puis égouttez-les rapidement.

2 Faites chauffer la crème dans une petite casserole, ajoutez la Vache qui rit® et fouettez jusqu'à ce que le fromage soit fondu. Salez légèrement et poivrez. Ajoutez les rotelles et mélangez.

3 Roulez sur elle-même chaque tranche de jambon et coupez-les en rondelles de 1 cm d'épaisseur environ.

4 Servez les pâtes dans les assiettes et répartissez par-dessus les rondelles de jambon.

Pour varier les **plaisirs**, modifiez le **goût** en changeant de **charcuterie** !

MAC'N'CHEESE
à la mimolette

Pour 4 personnes

Préparation : 15 min

Cuisson : 15 à 20 min (hors cuisson des pâtes)

240 g de macaronis

15 g de farine

15 g de beurre

50 cl de lait

100 g de gruyère râpé

100 g de mimolette râpée

4 cuil. à soupe de chapelure

Notes :

1 **Faites cuire** les pâtes dans une grande casserole d'eau salée selon le temps indiqué sur l'emballage, puis égouttez-les rapidement.

2 **Faites fondre** le beurre dans une casserole et incorporez-y la farine.

3 **Faites tiédir** le lait au micro-ondes et ajoutez-le peu à peu dans la casserole en remuant régulièrement.

4 **Laissez épaissir** 5 minutes et incorporez les deux tiers des fromages râpés.

5 **Préchauffez** le four à 180 °C (th. 6).

6 **Mélangez** les pâtes à la sauce.

7 **Versez** la moitié des pâtes dans un moule rond de 16 cm environ. Parsemez-les de la moitié du fromage restant. Versez le reste de pâtes, puis le reste du fromage. Parsemez de chapelure.

8 **Enfournez** pour 10 minutes, puis faites dorer le plat sous le gril brûlant.

Même pour un Mac'n'cheese, les macaronis ne sont pas obligatoires, improvisez avec d'autres pâtes !

RAVIOLIS *frits*

Pour 4 personnes

Préparation : 15 min

Cuisson : 15 min (hors cuisson des pâtes)

20 à 25 raviolis frais

60 g de chapelure

2 cuil. à soupe d'amandes effilées

2 brins de persil frisé hachés

1 dizaine de feuilles de basilic

1 cuil. à soupe de parmesan en poudre

2 œufs

sel et poivre

ketchup épicé

huile pour la friture

Notes : ....

....

....

1 Faites cuire les raviolis pendant les deux tiers environ du temps indiqué sur l'emballage. Égouttez-les, puis passez-les sous l'eau froide et égouttez-les à nouveau.

2 Préchauffez un bain d'huile à 140 °C.

3 Mixez les herbes et les amandes, ajoutez la chapelure et le parmesan, salez à peine et poivrez généreusement. Mixez à nouveau pour bien mélanger le tout.

4 Battez les œufs. Trempez les raviolis un par un dans l'œuf battu, puis dans la chapelure aux herbes en les enrobant bien.

5 Faites frire les raviolis panés dans le bain d'huile juste le temps nécessaire pour les faire dorer. N'en mettez pas trop en même temps dans la friture, car s'ils se touchent, ils risquent de se coller les uns aux autres. Déposez-les sur du papier absorbant et recommencez jusqu'à ce qu'il ne reste plus de raviolis.

6 Servez sans attendre avec le ketchup épicé.

Pensez aux raviolis frits à
l'heure de l'apéro !

ESCALOPES croustillantes aux spaghettis

Pour 4 personnes

Préparation : 10 min

Cuisson : 15 min (hors cuisson des pâtes)

360 g de spaghettis

4 escalopes de veau

400 g de tomates concassées en boîte

1 petit bouquet de basilic

1 gousse d'ail pelée et hachée

4 cuil. à soupe de chapelure

2 cuil. à soupe d'amandes effilées

1 œuf

2 à 3 cuil. à soupe d'huile d'olive

3 cuil. à soupe de beurre

sel

1 Faites cuire les spaghettis dans une grande casserole d'eau salée selon le temps indiqué sur l'emballage. Égouttez-les rapidement.

2 Faites revenir l'ail 1 minute avec 1 cuillerée à soupe d'huile d'olive dans une poêle bien chaude. Ajoutez les tomates et une douzaine de feuilles de basilic et faites revenir encore 5 minutes.

3 Mettez la chapelure, les amandes effilées et une dizaine de feuilles de basilic dans un robot et mixez le tout assez finement.

4 Battez l'œuf dans une assiette creuse. Trempez les escalopes dedans, puis dans la chapelure au basilic ; insistez pour bien les enrober.

5 Chauffez le beurre et 1 cuillerée à soupe d'huile d'olive dans une poêle et faites-y dorer les escalopes en les retournant délicatement.

6 Répartissez la sauce tomate au fond des assiettes, déposez dessus les spaghettis et les escalopes croustillantes, parsemez de feuilles de basilic et arrosez chaque assiette de quelques gouttes d'huile d'olive.

Pour rendre vos escalopes encore plus
croustillantes, faites-les cuire à la friteuse !

SALADE
de coquillettes au thon

Pour 4 personnes

Préparation : 10 min

Cuisson : temps de cuisson des pâtes

360 g de coquillettes

160 g de thon à l'huile émietté

300 g de maïs au naturel

4 œufs durs coupés en quatre

1 cœur de salade sucrine effeuillé

16 tomates cerises coupées en deux

Pour la vinaigrette :

3 cuil. à soupe d'huile

1 cuil. à soupe de vinaigre

1 cuil. à café de moutarde

sel et poivre

1 **Faites cuire** les pâtes dans une grande casserole d'eau salée selon le temps indiqué sur l'emballage. Égouttez-les rapidement.

2 **Mélangez** tous les ingrédients de la salade.

3 **Fouettez** ensemble les ingrédients de la vinaigrette et assaisonnez la salade.

Le goût en toute simplicité !

FISH'N'PASTA

Pour 4 personnes

Préparation : 10 min

Cuisson : 15 min (hors cuisson des pâtes)

320 g de tortiglionis

4 filets de cabillaud coupés en morceaux

1 œuf battu

sel

huile pour la friture

Pour la sauce :

2 cuil. à soupe de ketchup

2 cuil. à soupe de coulis de tomates

quelques gouttes de Tabasco®

Pour la panure :

2 tiges de persil hachées

2 tasses de chapelure

1 cuil. à soupe d'amandes effilées

1 Faites cuire les pâtes dans une grande casserole d'eau salée selon le temps indiqué sur l'emballage, puis égouttez-les rapidement.

2 Préparez la sauce : mixez ensemble le ketchup, le coulis de tomates et le Tabasco®.

3 Préparez la panure : mixez ensemble la chapelure, le persil et les amandes effilées.

4 Roulez le poisson dans l'œuf battu, puis dans la panure et faites-le frire 5 minutes environ dans un bain d'huile à 160 °C.

5 Répartissez les pâtes et le poisson dans les assiettes et arrosez de sauce.

Un plat à faire oublier le fish'n'chips à vos enfants !

SALADE DE PÂTES, *tomates et mozzarella au pesto*

Pour 4 personnes

Préparation : 10 min

Cuisson : temps de cuisson des pâtes

320 g de castellane parmigiane

20 tomates cerises

300 g de petites boules de mozzarella

8 cuil. à soupe d'huile d'olive

4 cuil. à soupe de pignons de pin

40 g de parmesan râpé

1 bouquet de basilic

1 gousse d'ail

sel

Notes : ....

....

....

1 Faites cuire les pâtes dans une grande casserole d'eau salée selon le temps indiqué sur l'emballage, puis égouttez-les rapidement.

2 Préparez le pesto : mixez les pignons de pin, le parmesan, le basilic (en réservant quelques feuilles pour le décor) et l'ail. Ajoutez l'huile d'olive et mixez de nouveau.

3 Coupez les tomates en deux et les boules de mozzarella en quatre. Mélangez-les aux pâtes.

4 Servez dans les assiettes, assaisonnez de pesto et de quelques feuilles de basilic.

Les pâtes, ça peut aussi être terriblement frais !

SALADE
niçoise revisitée

Pour 4 personnes

Préparation : 20 min

Cuisson : 10 min (hors cuisson des pâtes)

Pour la salade :

360 g de minipipe rigate

100 g de fèves

120 g de haricots verts coupés en tronçons

320 g de thon frais

24 olives noires

6 œufs durs

2 tiges de basilic effeuillées et hachées

Pour la vinaigrette :

3 cuil. à soupe d'huile d'olive

1 cuil. à soupe de jus de citron

sel et poivre

1 Faites cuire les pâtes dans une grande casserole d'eau salée selon le temps indiqué sur l'emballage, puis égouttez-les, rapidement.

2 Plongez les haricots verts 3 minutes dans une casserole d'eau salée bouillante, ajoutez les fèves et poursuivez la cuisson 3 minutes, puis égouttez-les.

3 Faites dorer le thon à feu très vif dans une poêle antiadhésive, puis coupez-le en cubes.

4 Mélangez les pâtes, les légumes et le thon. Coupez les œufs en quartiers. Ajoutez-les à la salade avec les olives et le basilic.

5 Fouettez ensemble les ingrédients de la vinaigrette et assaisonnez la salade.

Une salade niçoise aussi originale que réconfortante !

SALADE
de vermicelles de riz comme un rouleau de printemps

Pour 4 personnes

Préparation : 15 min

Cuisson : 20 min (hors cuisson des pâtes)

400 g de vermicelles de riz

1 bol de pousses de soja

2 blancs de poulet

30 cl de bouillon de volaille

250 g de crevettes cuites décortiquées

2 tiges de menthe effeuillées

6 feuilles de batavia émincées

2 cuil. à soupe de cacahuètes grossièrement hachées

Pour la sauce :

4 cuil. à soupe de vinaigre de riz

1 cuil. à soupe de vinaigre de vin

4 cuil. à soupe de sucre

1/2 cuil. à soupe de sel

1 cuil. à soupe de nuoc-mâm

2 gousses d'ail émincées

1 petit piment rouge épépiné et émincé finement

1 Préparez la sauce : versez tous les ingrédients dans une casserole avec 4 cuillerées à soupe d'eau. Portez à ébullition en remuant bien ; dès que le sucre et le sel sont dissous, coupez le feu et laissez refroidir.

2 Faites cuire les vermicelles de riz dans une grande casserole d'eau salée selon le temps indiqué sur l'emballage. Refroidissez-les en les passant sous l'eau froide, puis égouttez-les bien.

3 Plongez les pousses de soja 1 minute dans une casserole d'eau bouillante, égouttez-les, puis plongez-les dans un saladier d'eau froide et égouttez-les de nouveau.

4 Faites cuire les blancs de poulet dans le bouillon de volaille 15 minutes environ. Laissez-les refroidir, puis émincez-les en fines tranches.

5 Mélangez dans un plat les vermicelles de riz, les pousses de soja, la batavia, le poulet, les crevettes et la menthe, et arrosez de sauce. Parsemez les cacahuètes au moment de servir.

Tellement plus simple que des rouleaux de printemps et aussi bon !

SALADE
de serpentinis, butternut et feta

Pour 4 personnes

Préparation : 5 min

Cuisson : 15 min (hors cuisson des pâtes)

240 g de serpentinis

300 g de courge butternut coupée en cubes

60 cl de bouillon de légumes

120 g de feta coupée en cubes

4 tiges de persil frisé haché finement

Pour la sauce :

2 cuil. à soupe d'huile neutre

1 cuil. à café d'huile de noisette

1 cuil. à soupe de vinaigre de cidre

sel et poivre

1 Faites cuire les pâtes dans une grande casserole d'eau salée selon le temps indiqué sur l'emballage, puis égouttez-les rapidement.

2 Portez à ébullition le bouillon de légumes et faites-y cuire la courge butternut pendant 12 minutes, puis égouttez-la.

3 Préparez la sauce : fouettez ensemble les huiles et le vinaigre, salez et poivrez à votre goût.

4 Déposez les pâtes dans un plat, ajoutez par-dessus la courge et la feta, arrosez de sauce et parsemez le persil.

Si vous n'avez pas de feta,
pensez à la mozzarella !

LASAGNETTES
en coleslaw

Pour 4 personnes

Préparation : 10 min

Cuisson : temps de cuisson des pâtes

240 g de lasagnettes

1 petite carotte râpée avec une râpe à gros trous

1 bol de chou blanc coupé en lamelles

1 oignon nouveau émincé finement

1 petite branche de céleri émincée finement

Pour la sauce :
2 cuil. à soupe de jus de citron

100 g de yaourt nature brassé

2 cuil. à café de moutarde

1 cuil. à café de miel liquide

sel et poivre

1 Faites cuire les pâtes dans une grande casserole d'eau salée selon le temps indiqué sur l'emballage, puis égouttez-les rapidement.

2 Préparez la sauce : fouettez ensemble le jus de citron, la moutarde, le miel et le yaourt, salez et poivrez à votre goût.

3 Mélangez les pâtes, la carotte, le chou, l'oignon et le céleri.

4 Ajoutez la sauce et mélangez.

Pour une sauce encore plus onctueuse, ajoutez un peu de mayonnaise !

CRÊTES DE COQ
en salade

Pour 4 personnes

Préparation : 5 min

Cuisson : temps de cuisson des pâtes

240 g de crêtes de coq complètes

1 pomme coupée en tout petits cubes

1 bol de pousses d'épinards

120 g de fourme d'Ambert écroûtée et coupée en cubes

Pour la vinaigrette :

2 cuil. à soupe d'huile neutre

1 cuil. à soupe de vinaigre de cidre

1 cuil. à café d'huile de noix

sel et poivre

Notes : ....

....

....

1 Faites cuire les pâtes dans une grande casserole d'eau salée selon le temps indiqué sur l'emballage. Égouttez-les rapidement.

2 Fouettez ensemble tous les ingrédients de la vinaigrette.

3 Versez tous les ingrédients de la salade dans un plat creux. Mélangez, arrosez-les de vinaigrette, remuez et servez.

Une salade d'automne rafraîchissante !

SALADE DE CHOU KALE
aux pipe rigate

Pour 4 personnes

Préparation : 10 min

Cuisson : 4 min (hors cuisson des pâtes)

240 g de minipipe rigate

6 branches de chou kale équeutées et coupées en petits morceaux

2 gousses d'ail pelées et coupées en deux

2 clémentines

2 cuil. à soupe de pignons de pin

2 cuil. à soupe de parmesan en copeaux

3 cuil. à soupe d'huile d'olive

1 cuil. à soupe de vinaigre balsamique

sel et poivre

1 Faites cuire les pâtes selon les indications portées sur l'emballage dans une grande casserole d'eau salée, puis égouttez-les.

2 Faites dorer très légèrement l'ail dans une sauteuse avec 1 cuillerée à soupe d'huile. Ajoutez les pignons et achevez de dorer l'ail. Ajoutez le kale et prolongez la cuisson 2 à 3 minutes, à feu moyen, en remuant souvent. Retirez du feu, couvrez et laissez refroidir.

3 Épluchez les clémentines à vif et prélevez les suprêmes : enlevez toutes les peaux y compris les membranes qui entourent chaque quartier.

4 Mélangez les pâtes et le kale avec l'ail et les pignons et déposez-les dans les assiettes. Répartissez les suprêmes de clémentines et le parmesan. Salez, poivrez et terminez en arrosant la salade d'un beau filet d'huile d'olive et de vinaigre balsamique.

Si vous ne trouvez pas de chou kale, pensez au chou chinois !

SALADE *aux cavatellis*

Pour 4 personnes

Préparation : 10 min

Cuisson : 3 min (hors cuisson des pâtes)

240 g de cavatellis

8 tranches de bacon coupées en petits carrés

60 g de noix de pécan

une vingtaine de grains de raisin coupés en deux

4 petits bouquets de brocoli

Pour la sauce :

1 yaourt bulgare

1 cuil. à soupe de vinaigre de cidre

60 g de bleu de Bresse coupé en morceaux

sel et poivre

1 Préparez la sauce : mixez ensemble le yaourt, le bleu et le vinaigre, salez et poivrez à votre goût.

2 Faites cuire les pâtes dans une grande casserole d'eau salée selon le temps indiqué sur l'emballage, mais 2 minutes avant la fin de la cuisson, ajoutez le brocoli dans l'eau de cuisson. Puis égouttez le tout et laissez refroidir.

3 Faites dorer très rapidement le bacon dans une poêle antiadhésive.

4 Mélangez tous les ingrédients de la salade et arrosez-les de sauce.

Vous pouvez remplacer
les noix de pécan par des noix !

SALADE
acidulée aux orecchiette

Pour 4 personnes

Préparation : 15 min

Cuisson : temps de cuisson des pâtes

240 g d'orecchiette

1 bol de pousses d'épinards

1 orange

1/2 oignon rouge émincé finement

4 cuil. à soupe de cranberries séchées

1 cuil. à soupe de graines mélangées (tournesol, sésame, millet, pavot...)

Pour la sauce :
3 cuil. à soupe d'huile neutre

1 cuil. à soupe de vinaigre de mangue

sel et poivre

1 Faites cuire les pâtes dans une grande casserole d'eau salée selon le temps indiqué sur l'emballage.

2 Épluchez l'orange pendant la cuisson des pâtes et prélevez les suprêmes : enlevez toutes les peaux y compris les membranes qui enveloppent chaque quartier.

3 Égouttez les pâtes et laissez-les refroidir. Mélangez-les avec les pousses d'épinards, les suprêmes d'orange, l'oignon et les cranberries.

4 Préparez la sauce : fouettez ensemble tous les ingrédients.

5 Arrosez la salade de sauce et mélangez encore. Parsemez les graines juste avant de servir.

N'hésitez pas à ajouter des noix pour une salade encore plus croquante !

SALADE
de farfalines au saumon

Pour 4 personnes

Préparation : 10 min

Cuisson : temps de cuisson des pâtes

240 g de farfalines

2 tranches de saumon fumé coupées en lanières

1/2 pomme verte coupée en tranches fines

1 tige de fenouil émincée

100 g de feta coupée en cubes

Pour la sauce :
le jus de 1 citron vert

2 cuil. à soupe de yaourt nature

2 cuil. à soupe d'huile d'olive

sel et poivre

1 Faites cuire les pâtes dans une grande casserole d'eau salée selon le temps indiqué sur l'emballage, puis égouttez-les rapidement.

2 Préparez la sauce : fouettez ensemble l'huile d'olive, le jus de citron et le yaourt. Salez et poivrez à votre goût.

3 Mélangez les pâtes, le saumon, la pomme et la feta, et parsemez de fenouil.

4 Versez la sauce sur les pâtes au moment de servir.

Donnez un coup de fouet à votre salade en ajoutant un peu de moutarde à la sauce !

RAVIOLIS
d'épinards en salade

Pour 4 personnes

Préparation : 10 min

Cuisson : temps de cuisson des pâtes

24 gros raviolis aux épinards

1 boule de mozzarella coupée en quartiers

1/2 pomme coupée en lamelles

4 cuil. à soupe de noix hachées grossièrement

1 bol de mesclun

Pour la vinaigrette :
2 cuil. à soupe d'huile d'olive

1 cuil. à soupe de vinaigre de cidre

sel et poivre

Notes : ....

....

....

1 Faites cuire les raviolis dans une grande casserole d'eau salée selon le temps indiqué sur l'emballage, puis égouttez-les rapidement.

2 Préparez la vinaigrette : mélangez l'huile, le vinaigre, le sel et le poivre.

3 Répartissez tous les ingrédients, mesclun, raviolis, pomme, mozzarella et cerneaux de noix dans les assiettes, puis versez la vinaigrette.

Une salade de raviolis tout en fraîcheur !

CASARECCE
en salade fruitée

Pour 4 personnes

Préparation : 10 min

Cuisson : temps de cuisson des pâtes

240 g de casarecce

240 g de pavé de saumon fumé coupé en cubes

1 pamplemousse

1 boule de mozzarella coupée en morceaux

1/2 avocat coupé en tout petits cubes

Pour la sauce :

3 cuil. à soupe d'huile d'olive

2 cuil. à soupe de jus de citron vert

sel et poivre

Notes : ....

....

....

1 Faites cuire les pâtes dans une grande casserole d'eau salée selon le temps indiqué sur l'emballage, puis égouttez-les rapidement.

2 Préparez la sauce : fouettez ensemble tous les ingrédients.

3 Épluchez le pamplemousse et prélevez les suprêmes : enlevez toutes les peaux y compris celles qui entourent chaque quartier. Puis coupez les quartiers en deux.

4 Mélangez les pâtes dans un saladier avec le saumon, le pamplemousse, la mozzarella et l'avocat. Arrosez de sauce.

Les pâtes peuvent aussi être le plus rafraîchissant des plats !

PENNE RIGATE
César

Pour 4 personnes

Préparation : 10 min

Cuisson : 12 min (hors cuisson des pâtes)

180 g de penne rigate

2 blancs de poulet

10 g de beurre

1 cuil. à soupe d'huile d'olive

1 dizaine de tranches de pain baguette

1 cœur de batavia

4 cuil. à soupe de copeaux de parmesan

Pour la sauce :

4 cuil. à soupe de crème liquide

2 cuil. à soupe d'huile d'olive

1 cuil. à soupe de vinaigre de cidre

sel et poivre

1 Faites cuire les pâtes dans une grande casserole d'eau salée selon le temps indiqué sur l'emballage, puis égouttez-les rapidement.

2 Préparez la vinaigrette : mélangez l'huile, la crème et le vinaigre, salez et poivrez à votre goût.

3 Chauffez le beurre et l'huile dans une poêle et faites-y revenir les blancs de poulet à couvert pendant 10 minutes environ, en les retournant régulièrement. Coupez-les en lamelles.

4 Faites dorer les tranches de pain au grille-pain, puis coupez-les en petits cubes.

5 Disposez sur les assiettes les feuilles de batavia, les lamelles de poulet, les pâtes et les croûtons de pain, assaisonnez et parsemez de copeaux de parmesan.

Pensez aux herbes pour donner
encore plus de goût à votre salade !

SALADE DE PÂTES, *jambon et artichaut*

Pour 4 personnes

Préparation : 5 min

Cuisson : temps de cuisson des pâtes

240 g de pâtes gemelli

10 cœurs d'artichauts coupés en deux

200 g de cubes de jambon

2 cuil. à soupe de parmesan en copeaux

Pour la sauce :
2 cuil. à soupe de crème

1 cuil. à soupe de vinaigre de cidre

1 cuil. à café de moutarde

1 cuil. à soupe d'huile d'olive

sel et poivre

1 Faites cuire les pâtes dans une grande casserole d'eau salée selon le temps indiqué sur l'emballage, puis égouttez-les rapidement.

2 Préparez la sauce : fouettez ensemble tous les ingrédients.

3 Mélangez les pâtes, les cœurs d'artichauts et les cubes de jambon dans un saladier, arrosez de sauce, puis parsemez de copeaux de parmesan.

Donnez encore plus de goût à votre salade en ajoutant des tomates séchées !

Notes : ....

....

....

BOUILLON
asiatique aux raviolis

Pour 4 personnes

Préparation : 5 min

Cuisson : 5 min (hors cuisson des pâtes)

- 16 raviolis chinois porc-crevette
- 4 shiitakés émincés finement
- 4 tranches fines de gingembre frais
- 16 brins de ciboulette
- 1 l de bouillon de volaille
- 4 cuil. à soupe de sauce soja
- quelques gouttes d'huile de sésame
- poivre

Notes : ....

1 **Versez** la sauce soja et le gingembre dans le bouillon et portez à ébullition. Ajoutez ensuite les raviolis et les shiitakés, poivrez à votre goût et laissez cuire le temps indiqué sur le paquet de raviolis.

2 **Répartissez** le bouillon dans des bols et ajoutez la ciboulette et l'huile de sésame.

Si vous ne trouvez pas de shiitakés, prenez des champignons de Paris !

BOUILLON
de légumes aux orecchiette

Pour 4 personnes

Préparation : 10 min

Cuisson : 15 min (hors cuisson des pâtes)

240 g d'orecchiette

1 petite carotte coupée en cubes

1 petit navet coupé en cubes

1 petite pomme de terre coupée en cubes

1 petit poireau émincé

1 petit oignon nouveau coupé en morceaux

4 poignées de pousses d'épinards

1 bouquet garni

1 cuil. à café d'huile d'olive

sel et poivre

1 Mixez ensemble la carotte, le navet, la pomme de terre, le poireau et l'oignon assez finement.

2 Faites revenir ces légumes dans une casserole avec l'huile et le bouquet garni pendant 3 minutes en remuant régulièrement, puis ajoutez 1 litre d'eau chaude. Salez et poivrez à votre goût et laissez cuire 12 minutes.

3 Filtrez le bouillon en réservant les légumes et en enlevant le bouquet garni.

4 Faites cuire les pâtes dans le bouillon le temps indiqué sur l'emballage.

5 Répartissez les pousses d'épinards dans des bols, versez par-dessus les pâtes et le bouillon, puis déposez 1 cuillerée à soupe de légumes.

Pour une saveur plus étonnante,
glissez quelques feuilles d'estragon
parmi les pousses d'épinards !

BOUILLON *du lendemain aux cheveux d'ange et aux œufs*

Pour 4 personnes

Préparation : 5 min

Cuisson : 15 min (hors cuisson des pâtes)

80 g de vermicelles

6 gousses d'ail pelées et coupées en deux

1 l de bouillon de volaille chaud

8 tranches de baguette légèrement grillées

2 œufs battus

1 cuil. à soupe d'huile d'olive

sel et poivre

Notes : ....

1 **Faites dorer** rapidement les gousses d'ail dans une casserole avec l'huile. Ajoutez le bouillon chaud, salez et poivrez à votre goût. Laissez revenir 12 minutes.

2 **Ajoutez** les vermicelles dans le bouillon et laissez cuire le temps indiqué sur l'emballage.

3 **Battez** les œufs et répartissez-les dans les bols, versez par-dessus le bouillon aux vermicelles bien chaud et mélangez.

4 **Servez** avec les tranches de pain grillées.

Un bouillon parfait
pour les lendemains de fête !

SOUPE DE PÂTES
aux haricots blancs

Pour 4 personnes

Préparation : 10 min + temps de trempage des haricots

Cuisson : 1 h 30 (hors cuisson des pâtes)

- 180 g de minipipe rigate
- 200 g de petits haricots blancs secs
- 1 cuil. à soupe d'huile d'olive
- 120 g de bacon coupé en lamelles
- 1 oignon émincé finement
- 1 gousse d'ail hachée
- 1 branche de céleri émincée finement
- 2 carottes coupées en tout petits cubes
- 3 feuilles de laurier
- 1/2 cuil. à café de graines de fenouil
- 600 g de tomates fraîches pelées, épépinées et coupées grossièrement
- 1,2 l de bouillon de volaille
- sel et poivre

1 Mettez les haricots secs à tremper dans de l'eau froide, puis cuisez-les en suivant le temps indiqué sur le paquet.

2 Chauffez l'huile dans une sauteuse. Ajoutez le bacon, l'oignon, l'ail, le céleri, les carottes, le laurier et les graines de fenouil, et faites revenir 5 minutes.

3 Ajoutez les tomates, mélangez et faites revenir 3 minutes. Versez le bouillon, salez et poivrez à votre goût, mélangez, couvrez et laissez cuire 20 minutes.

4 Faites cuire les pâtes dans une grande casserole d'eau salée selon le temps indiqué sur l'emballage. Égouttez-les rapidement.

5 Versez les pâtes dans la soupe, puis les haricots, et mélangez.

Une soupe aussi facile
que réconfortante !

SOUPE de boulettes à la tomate

Pour 4 personnes

Préparation : 20 min

Cuisson : 20 min (hors cuisson des pâtes)

180 g de minipipe rigate

500 g de bœuf haché

1 tige de basilic finement hachée

2 tiges de persil finement hachées

2 cuil. à soupe de chapelure

2 cuil. à soupe de parmesan finement râpé

1 œuf

1 cuil. à soupe d'huile

1 oignon finement haché

1 gousse d'ail

600 g de tomates fraîches pelées, épépinées et coupées grossièrement

1 cuil. à café de concentré de tomates

1,2 l de bouillon de volaille

sel et poivre

Notes : ....

....

....

1 Faites cuire les pâtes dans une grande casserole d'eau salée selon le temps indiqué sur l'emballage, puis égouttez-les rapidement.

2 Préparez les boulettes de viande : mélangez dans un saladier le bœuf haché, le basilic, le persil, la chapelure, le parmesan et l'œuf battu.

3 Chauffez l'huile dans une poêle et faites-y revenir l'oignon et l'ail pendant 2 minutes.

4 Ajoutez-les dans le saladier, salez et poivrez selon votre goût, mélangez, puis formez des boulettes de 20 g environ.

5 Mixez les tomates dans une casserole. Ajoutez le concentré de tomates et les boulettes.

6 Laissez frémir 5 minutes en remuant de temps en temps. Ajoutez le bouillon, salez et poivrez à votre goût, portez à ébullition et laissez frémir encore 12 minutes.

7 Ajoutez les pâtes et mélangez. Parsemez de basilic et servez.

Personne ne résiste aux **boulettes**, ni les enfants, ni les parents !

SOUPE PAYSANNE *minute*

Pour 4 personnes

Préparation : 10 min

Cuisson : 15 min (hors cuisson des pâtes)

- 180 g de pâtes collerettes
- 200 g de pommes de terre coupées en cubes
- 2 poireaux coupés en rondelles
- 2 petites carottes coupées en tronçons
- 110 cl de bouillon de légumes
- sel et poivre

1 Mixez rapidement tous les légumes pour obtenir un hachis.

2 Versez-les dans une casserole avec le bouillon et portez à ébullition.

3 Faites cuire 12 minutes, salez et poivrez à votre goût.

4 Ajoutez les pâtes et prolongez la cuisson du temps indiqué sur l'emballage.

Pour une soupe encore plus vitaminée, ajoutez une poignée d'épinards !

Notes : ....

....

....

SOUPE *aux têtes de lions*

Pour 4 personnes

Préparation : 20 min

Cuisson : 40 min (hors cuisson des pâtes)

240 g de tagliatelles de riz

1 tranche de chou chinois de 1 cm d'épaisseur

2 cuil. à soupe d'huile neutre

1 gousse d'ail hachée finement

1/2 piment rouge

1 l de bouillon de poulet

1 cuil. à soupe de sauce soja

Pour les boulettes :

500 g de chair à saucisse

200 g de steak haché

4 à 5 cuil. à soupe de ciboule émincée très finement

75 g de champignons de Paris hachés très finement

40 g de chair de crabe (ou de crevettes ou de surimi)

1 cuil. à soupe de sauce soja

1 cuil. à café de sucre roux

1 cuil. à soupe de Maïzena®

1 cuil. à café de gingembre frais râpé

1/4 cuil. à café de cinq-épices

sel et poivre

1 Préparez les boulettes : malaxez bien tous les ingrédients pour obtenir une farce homogène. Formez des boulettes de la taille d'une petite clémentine.

2 Chauffez l'huile dans une grande cocotte. Faites-y revenir l'ail et le chou pendant 2 minutes, sur feu moyen, en remuant.

3 Poussez le chou sur les côtés de la cocotte dès qu'il commence à réduire. Déposez les boulettes au centre et ajoutez le bouillon, la sauce soja et le piment. Salez à votre goût.

4 Portez à ébullition, puis baissez le feu et laissez mijoter une trentaine de minutes à couvert en retournant les boulettes trois ou quatre fois. Enlevez le couvercle pour les 10 dernières minutes.

5 Faites cuire les pâtes dans une grande casserole d'eau salée selon le temps indiqué sur l'emballage, puis égouttez-les rapidement. Ajoutez-les dans le bouillon et remuez.

La plus gourmande des soupes asiatiques !

SOUPE végétarienne aux vermicelles de soja

Pour 4 personnes

Préparation : 10 min

Cuisson : 3 min

160 g de vermicelles de soja

4 tranches de chou coupées en lanières de 1 cm

120 g de tofu soyeux

1/4 cuil. à café de graines de sésame

quelques gouttes d'huile de sésame

1 cuil. à soupe de sauce soja

120 cl de bouillon de légumes

sel et poivre

Notes :

1 Portez le bouillon à ébullition.

2 Répartissez tous les autres ingrédients dans des bols, puis versez par-dessus le bouillon bien chaud, salez et poivrez à votre goût.

3 Couvrez les bols d'une petite assiette et laissez reposer 3 minutes.

Véritable soupe instantanée !

SOUPE
poulet-vermicelles

Pour 4 personnes

Préparation : 5 min

Cuisson : 10 à 15 min (hors cuisson des pâtes)

- 60 g de vermicelles
- 90 cl de bouillon de volaille
- 2 blancs de poulet
- 10 g de beurre
- 1 cuil. à soupe d'huile d'olive
- 1 branche de thym
- sel et poivre

1 Chauffez le beurre et l'huile dans une sauteuse, salez et poivrez les blancs de poulet et faites-les revenir à couvert pendant 10 minutes environ, en les retournant régulièrement. Retirez le poulet et coupez-le en lamelles.

2 Faites cuire les vermicelles le temps indiqué sur l'emballage, avec le bouillon et le thym, dans la sauteuse ayant servi à la cuisson du poulet.

3 Servez le bouillon aux vermicelles avec le poulet.

Aussi simple que savoureux !

Notes : ....

....

....

SOUPE À L'OIGNON
aux collerettes

Pour 4 personnes

Préparation : 5 min

Cuisson : 15 min (hors cuisson des pâtes)

120 g de collerettes
3 oignons émincés
90 cl de bouillon de légumes
1 gousse d'ail émincée
2 feuilles de laurier
1 branche de thym
10 g de beurre
1 cuil. à soupe d'huile d'olive
sel et poivre

1 Faites chauffer l'huile et le beurre dans une sauteuse et faites-y revenir les oignons et l'ail pendant 3 minutes, à feu assez vif, en remuant régulièrement.

2 Versez par-dessus le bouillon chaud, le laurier et le thym, salez et poivrez à votre goût. Laissez cuire à petits bouillons pendant 12 minutes.

3 Faites cuire les pâtes dans une grande casserole d'eau salée selon le temps indiqué sur l'emballage. Égouttez-les rapidement et versez-les dans la soupe à l'oignon. Servez dans des bols.

Notes : ....

Parsemez les bols de soupe
de gruyère râpé et faites-les
gratiner sous le gril !

SOUPE
de pipe rigate aux filets de rouget

Pour 4 personnes

Préparation : 5 min

Cuisson : 10 min (hors cuisson des pâtes)

180 g de minipipe rigate

1 l de soupe de poisson

4 filets de rouget coupés en tronçons

quelques feuilles de basilic

sel

1 Faites cuire les pâtes dans une grande casserole d'eau salée selon le temps indiqué sur l'emballage, puis égouttez-les rapidement.

2 Faites cuire le rouget dans une casserole avec la soupe pendant 10 minutes environ à feu moyen.

3 Versez les pâtes dans la soupe, puis répartissez-la dans des bols.

4 Parsemez-les de basilic avant de servir.

Notes : ....

....

....

Vous pouvez remplacer le rouget
par de la sole.

MESURES *utiles*

1 NOISETTE DE BEURRE =
4 grammes

1 NOIX DE BEURRE =
15 grammes

1 CUILLÈRE À SOUPE

= **15** grammes de sucre, farine ou beurre

= **12** grammes de crème fraîche ou huile

= **1,5** cl de liquide

= **3** cuillères à café

1 CUILLÈRE À CAFÉ

= **5** grammes de sel, sucre ou huile

= **7** grammes de beurre

= **0,5** cl de liquide

= **5** grammes de farine ou de semoule

1 PINCÉE DE SEL =
0,3 à **0,5** gramme

1 MORCEAU DE SUCRE =
5 grammes

Économat

Dans le placard

Sels (sel fin, gros sel, fleur de sel, sels aromatisés) et poivres (noir ou exotique)
Huiles de goût neutre (maïs, tournesol, colza) ou parfumées (olive, noix…)
Vinaigres (blanc, rouge, balsamique, de xérès, de cidre…)
Lait (entier, allégé ou écrémé)
Crème liquide
Sucres (sucre semoule blanc ou roux, sucre glace)
Sauces asiatiques (soja, hoisin, teriyaki…)
Farine
Levure chimique
Cacao en poudre
Plaquettes de chocolat
Aides culinaires : bouillons et courts-bouillons déshydratés en cubes et en tablettes, gelée alimentaire en feuilles ou en poudre, fonds de veau ou de volaille, Maïzena®
Vanille (extrait ou gousse)
Riz, pâtes, semoules et céréales
Herbes
Épices
Fruits secs
Graines (sésame, lin, tournesol…)
Tomates en conserve
Ail, échalote, oignons et pommes de terre

Températures *du four*

Thermostat	Température approximative
1	**30 °C** (à peine tiède)
2	**60 °C** (tiède)
3	**90 °C** (chaleur très douce)
4	**120 °C** (chaleur douce)
5	**150 °C** (chaleur modérée)
6	**180 °C** (chaleur moyenne)
7	**210 °C** (assez chaud)
8	**240 °C** (chaud)
9	**270 °C** (très chaud)
10	**300 °C** (chaleur vive)

Dans le réfrigérateur

Œufs
Beurre
Pâtes prêtes à l'emploi
Moutardes
Herbes fraîches
Gruyère et parmesan râpés

Super pratique !

Dans le congélateur

Herbes
Plats cuisinés
Légumes

TABLE *des recettes*

INDEX

Photographies et stylisme : Dorian Nieto

Retrouvez Dorian sur : doriannn.blogspot.fr
ou facebook.com/dorian.nieto

Directeur éditorial : Didier Férat
Directrice éditoriale adjointe : Corinne Cesano
Édition : Diane Monserat
Graphisme : Julia Philipps
Mise en page : Nord Compo
Fabrication : Laurence Duboscq

Solar | un département **place des éditeurs**

place
des
éditeurs

ISBN : 978-2-263-07320-5
Code éditeur : S07320
Dépôt légal : avril 2016
Imprimé en France par Imprimerie de Champagne